Elogios

POR QUÉ I

Cabronas

"Nadie había escrito un libro como éste sobre relaciones. Lleva la sátira a otro nivel. No sólo es cómico, sino muy real. Está lleno de 'rebanadas de humor de la vida diaria' que cubren todo lo que frustra a las mujeres sobre los hombres."

–BELINDA FOSTER, productora de *Girls of the Comedy Store* (Chicas de la tienda de la comedia) de la mundialmente famosa Tienda de la Comedia.

"Su insolente libro está repleto de vivencias y consejos cuyo objetivo es hacer que las mujeres sean ingeniosamente más fuertes e independientes. La obra, que ya ha sido reseñada en *The View* y en The O'Reilly Factor, seguro 'hará olas' con su controvertido punto de vista sobre las relaciones."

–*Publishers Weekly*

"¡Increíble! Estoy impresionada... la información es clara y necesaria. Me quito el sombrero..."

–RAYE HOLLITT, actriz y estrella de *American Gladiators* (Gladiadores estadounidenses); también ha aparecido en *JAG* y *Baywatch*

"¡Hilarante, irresistible y muy atrevido!

–LORIN ROCHE, PH.D., autora de *Meditation Made Easy* (Meditación fácil)

"Contiene información importante para las mujeres, presentada de tal forma que 'les sirva'. El humor hace de este libro algo aparte, de manera que el mensaje resulte apetitoso. Es la cucharada de azúcar que hace que la medicina se pueda tomar."

–PEGGY G. MILLER, MFT, psicoterapeuta

"Inteligente, ingeniosos y directo. Un libro obligatorio para cualquier mujer que quiera captar el interés de su hombre."

–JUDY MAZEL, autora del bestseller #1 del *New York Times*: *The Beverly Hills Diet* (La Dieta Beverly Hills)

"Lo mejor de la cultura."

–*Esquire*

"Estamos hablando de respetarse tanto a una misma, que Aretha Franklin te habría felicitado."

–*Los Angeles Times*

"El significado peyorativo de la palabra 'cabrona' ha sido reivindicado… se refiere a una mujer fuerte y autosuficiente que tiene coraje y sabe cuándo usarlo. Una cabrona es como una película de Tarantino: nada inocente."

–Revista *Pursuit*

"[Argov] habla de una mujer fuerte. De alguien que sabe lo que quiere en la vida. De alguien que compartirá la carga, pero defenderá sus ideas."

–Joy Behar, copresentadora de *The View*

"Sherry Argov enseña a las mujeres a transformar una relación casual en un compromiso."

–*The Today Show*

"No importa todo lo que se diga sobre la chica buena contra la chica mala, a los hombres no les gustan las 'buenas' sino las 'interesantes'."

–*Chicago Sun-Times*

"Lectura obligada para un desayuno dominical."

–*New York Daily News*

"¡Un magnífico nuevo libro!"

–Canal Fox News

"El bestseller nacional de Sherry Argov *Por qué los hombres aman a las cabronas* se vendió como pan caliente… A los hombres les gustan las mujeres que saben poner límites y que los obligan a retroceder cuando intentan pasarse de listos."

–*Cosmopolitan*

"Un manifiesto antilloriqueos que alienta a las mujeres que se sienten como tapetes a desarrollar su sentido de independencia."

–*Playboy*

Sherry Argov

Por qué los hombres aman a las CABRONAS

De tapete a chica de ensueño

Publicado mediante acuerdo con la Autora, Sherry Argov

Editorial Planeta Mexicana, S.A. de C.V.
Bajo el sello DIANAMR
Avenida Presidente Masarik núm. 111, 2o. piso
Colonia Chapultepec Morales
C.P. 11570 México, D.F.
www.editorialplaneta.com.mx

Edición original en español: octubre de 2005
Primera edición en esta presentación: febrero de 2010
ISBN: 978-607-07-0327-0

Título original: *Why Men Love Bitches*
Traducción: Rosa Ma. Fernández Valiñas

Esta publicación está diseñada para proporcionar información fiel y autorizada sobre el tema cubierto en ella. Se vende bajo el entendimiento de que el editor no está comprometido a rendir consejo legal, contable o profesional de otro tipo. Si se requiere asistencia legal o de algún otro experto, se deben buscar los servicios de un profesional competente.

–De la *Declaración de Principios* adoptada en forma conjunta por un Comité de la Asociación de Bufetes de Abogados Estadounidenses y un Comité de Editores y Asociaciones.

Muchas de las designaciones utilizadas por fabricantes y vendedores para distinguir sus productos son marcas registradas. En donde aparecen esas designaciones en este libro y el editor conoce que es una marca registrada, han sido impresas con mayúscula al inicio de la palabra.

Impreso en los talleres de Litográfica Ingramex, S.A. de C.V.
Centeno núm. 162, colonia Granjas Esmeralda, México, D.F.
Impreso y hecho en México – *Printed and made in Mexico*

Dedicatoria

Para mamá, con amor.

Contenido

Agradecimientos

Antes que nada quiero darle las gracias y un reconocimiento a mi bellísima madre, Judy. Además de ser la mejor Mamá y mi persona favorita en este mundo, me enseñó todo lo que sé sobre ser una mujer fuerte y cómo encontrarle el lado divertido a todo. El único logro que vale la pena es hacer que mi Mamá se sienta orgullosa de mí.

Me gustaría agradecer al fabuloso equipo de Planeta incluidas las siguientes personas:

Jesús Badenes, Director General de la División Editorial Librerías, Grupo Planeta y a José Calafell, Director General de Editorial Planeta Mexicana. He tenido el placer de tratar con los dos, quienes a pesar de sus apretadas agendas han sido muy amables y han apoyado el proyecto.

Agradezco a Doris Bravo, mi editora en México, quien tuvo la brillante idea de utilizar la palabra "cabrona". Doris es la editora más trabajadora de entre todas con las que he colaborado en cualquier parte del mundo, en 30 idiomas. Un agradecimiento especial a Rosa María Fernández V., la traductora que realizó un trabajo magnífico traduciendo la obra original en lengua inglesa al español. Después de leer la versión en español, *todo el mundo* elogia la buena traducción de Rosa María; además de que la contribución de Doris y de Rosa María ha sido invaluable. Estas dos excelentes mujeres son en gran parte la razón por la que la edición en español sigue funcionando tan bien. Gracias a Martha Castro, correctora de estilo, por comprobar que las palabras importantes como "cabrona" siempre estén bien escritas. También agradezco el trabajo de Juan Becerril, diseñador de la portada. Quiero dar las gracias a todos los miembros de ese laborioso equipo, incluido el departamento de ventas. Planeta es una potencia por personas como ustedes.

También quiero agradecer a mi Cabrona "favorita", Consuelo Duval, por el alma y el talento que imprimió a la producción teatral *Por qué los hombres aman a las cabronas* durante tantos años. En lo concerniente a la comedia ella es magia pura. Para aquellos de ustedes que no conozcan a Consuelo, ella es tan cariñosa y amable en persona como se ve en escena. Me siento afortunada de poder llamar a Consuelo y a su esposo Armando Ciurana mis queridos amigos.

También quiero agradecer a los excelentes equipos de Adams Media y F+W Media. Gracias a David Nussbaum, Director Ejecutivo y Presidente de F+W Media. David Nussbaum es el tipo de Director Ejecutivo con el que se tiene la suerte de colaborar una o dos veces en toda una vida de trabajo. Le agradezco su estilo de liderazgo tan especial. Quiero darle las gracias a Chris Duffy, Gerente de Derechos de Autor de Adams Media, por ser un profesional consumado. Aprecio que siempre se esfuerce al máximo. Extiendo mi gratitud a Sara Domville, Presidenta de la División Libros de F+W Media y a Karen Cooper, la recién nombrada Editora de Adams Media. Qué satisfactorio es ver a estas dos admirables mujeres al mando. Un agradecimiento especial a Stephanie McKenna, Gerente de Derechos de Autor para Extranjero en Adams Media, pues ella es la razón por la que este libro se esté vendiendo en tantos idiomas. Le doy un reconocimiento a Amy Collins, ex Directora de Ventas de Adams Media, por ser el cerebro talentoso que originalmente dirigió los esfuerzos en el lanzamiento de este libro; ella es una amiga muy querida.

Quiero agradecer a Edward Colbert de Looney & Grossman, quien es mi brillante abogado, asesor y consejero. Le doy las gracias por apoyarme y por ser alguien con quien *siempre* puedo contar.

Doy las gracias a mis contadores, Kathryn Schmidt de Schmidt & Co. y Ali Adawiya de SongCare. Ambos son unos genios. Asimismo doy gracias a Dan Dydzak, abogado y amigo, por su amistad y por sus palabras de ánimo en la cafetería cercana.

Agradezco a Jeff Hyman, mi fotógrafo. Siempre recordaré su amabilidad. Doy las gracias a Christine Serrao, del Departamento de Relaciones Artísticas de cosméticos MAC, por su gentil ayuda con mi maquillaje para televisión.

Agradezco a mi hombre especial, quien es mi soporte. (Afortunadamente para mí, no lee libros de este tema ni me toma demasiado en serio.) No obstante, le agradezco sus sugerencias maravillosas sobre "lo que en realidad debo decirles a esas cabronas" después de pasar un día con "los chicos".

Quiero dar las gracias a mis familiares favoritos que me cuidan como ángeles: Tova, Samuel, Arnon y Yossi Chait.

Agradezco a mis lectoras –mis hermanas– por hablar de mis libros a todas sus amigas y quienes se han dado tiempo para escribirme cartas. Agradezco a los hombres íntegros de este mundo que fueron lo suficientemente amables para explicarme cómo piensan los hombres. La mejor parte de escribir un libro como este es conocer personas interesantes y con un gran sentido del humor. Les agradezco haberme otorgado ese privilegio.

Introducción

Por qué los hombres aman a las cabronas es una guía sobre relaciones para las mujeres que son "demasiado buenas" La palabra *cabrona* del título no debe tomarse muy en serio –estoy utilizando la palabra en una forma irónica, representativa del tono humorístico de este libro.

El título y el contenido se refieren a lo que muchas mujeres piensan, pero no dicen. *Toda* mujer ha sentido vergüenza por parecer demasiado necesitada ante un hombre. *Toda* mujer ha tenido un hombre tras ella, quien en el momento que la consiguió perdió el interés. *Toda* mujer sabe lo que se siente que no la tomen en cuenta. Estos problemas son comunes para la mayoría de las mujeres, casadas y solteras, por igual.

Así que, ¿por qué los hombres aman a las cabronas? Debe hacerse una distinción importante entre la forma peyorativa en la que por lo general se usa esa palabra, y la forma en que se usa aquí. Desde luego que no recomiendo que las mujeres tengan un carácter abrasivo. La cabrona de la que hablo no es la "bruja sobre ruedas" ni el personaje malvado que Joan Collins personificó en *Dynasty* (Dinastía). Ni tampoco la típica "cabrona de la oficina" odiada por todos en el trabajo.

La mujer que yo describo es buena pero fuerte. Tiene una fortaleza muy sutil. No deja a un lado su propia vida y no persigue jamás a un hombre. No permite que un hombre piense que tiene un "dominio" del 100 por ciento sobre ella. Y se da su lugar cuando él se pasa de la raya.

Sabe lo que quiere pero nunca compromete su integridad para obtenerlo. Sin embargo, es como una "magnolia de acero" –con pétalos en el exterior y acero en su interior. Utiliza esta feminidad para su propio provecho.

No es que se aproveche de los hombres, porque juega limpio. Tiene algo que la chica buena no tiene: claridad mental, pues no se deja llevar por una fantasía romántica. Esta claridad mental le permite ejercer su poder cuando es necesario.

Además, tiene la capacidad de permanecer tranquila bajo presión. Mientras que una mujer que es "demasiado buena" da y da hasta quedar agotada; la mujer que tiene claridad mental sabe hasta dónde llegar.

Entre los cientos de entrevistas que realicé a hombres para este libro, más del 90 por ciento de ellos se rieron y estuvieron de acuerdo con el título dentro de los primeros treinta segundos. Algunos soltaron una risita ahogada como si su secreto mejor guardado acabara de ser revelado. "Los hombres necesitan un cambio de mentalidad", decían. Este fue un tema recurrente, una y otra vez.

Todos los hombres que entrevisté lo mencionaban de formas un poco diferentes, pero el mensaje era el mismo. "A los hombres les gusta que la mujer tenga algo de *sabor*", decían. Hay dos cosas que quedaron claras: la primera, ellos utilizaban con regularidad la frase *desafío mental* para describir a una mujer que no parecía necesitada. Y segunda, la palabra *cabrona* era un sinónimo de su concepto de *desafío mental*. Y ésta era la característica que les parecía más atractiva.

Cuando utilicé la frase *desafío mental* con los hombres, de inmediato les quedaba clara la cualidad a la que me estaba refiriendo. Por otra parte, cuando entrevisté a cientos de mujeres, casi nunca entendieron esa misma frase. A menudo relacionaban esa frase con la inteligencia, más que con la necesidad. No fue sólo que mi corazonada quedara confirmada en estas entrevistas; también fortalecieron mi sentido de propósito. Me di cuenta de que cualquier cosa que fuera tan obvia para un hombre no debería de ser un secreto para las mujeres.

Este libro trata de muchos temas de los que los hombres no hablan.

Él no te va a decir: "Mira, no seas un tapete", "no digas sí a todo", "no dejes que todo tu mundo gire a mi alrededor". Este libro es necesario *porque un hombre nunca le diría a su compañera este tipo de cosas*.

En los siguientes capítulos se van a encontrar con un mensaje fuerte y claro: el éxito en el amor no se basa en la apariencia; se basa en la actitud. Los medios de comunicación quieren que pensemos otra cosa. Una adolescente toma una revista y lee: "Llama la atención de ese chico" con cierta pieza de ropa, o cierta apariencia. "Este color de barniz de uñas o de lápiz labial lo va a dejar asombrado", le asegura la revista. ¿Y qué es lo que aprende esa chica? A obsesionarse para obtener la aprobación de otra persona.

Después, tenemos el tema de la forma en que los medios de comunicación tratan el envejecimiento. La adolescente se convierte en una mujer de veintitantos años llena de confianza, y los medios de comunicación la bombardean con imágenes negativas sobre el envejecimiento. El mensaje aquí es: dos arrugas y una estría, y queda "marcada" como mercancía de la temporada anterior que se vende a mitad de precio. ¿Y qué aprende? A obsesionarse con la *desaprobación* de otra persona.

Entonces, ¿cuál es el mensaje de este libro? Que es necesario ser un poco irreverente para tener algo de autoestima. *No se trata de ser irreverente con otras personas, sino sobre lo que otras personas piensan.* La cabrona es una mujer poderosa que obtiene una gran fuerza de su capacidad para pensar de forma independiente, en especial en un mundo que sigue enseñándole a las mujeres a ser abnegadas. Esta mujer no vive bajo los estándares de nadie más, sólo bajo los propios.

Esta es la mujer que juega con sus propias reglas, que tiene un sentimiento de confianza, libertad y poder. Y ése es el sentimiento que espero que las mujeres obtengan leyendo este libro.

La mujer que tiene experiencias positivas con los hombres posee las cualidades sutiles de las que hablo en este libro: sentido del humor y un aura que atrae. "Yo soy la conductora del tren. Yo te diré dónde subirte y dónde bajarte." Esta mujer tiene la claridad mental para realizar lo que sea mejor para ella y una actitud que indica que ella no tiene por qué estar ahí. Está ahí *por gusto*.

Las cabronas que son tan amadas por los hombres emiten una cualidad despreocupada y, sí, tienen ese "sabor". Por coincidencia, es ese mismo sabor que los hombres dicen que encuentran tan magnético. La diferencia es que la mujer no lo está buscando fuera de ella; es una cualidad especial que lleva consigo.

Nota: En este libro se han cambiado algunos nombres por petición de los entrevistados.

1

DE TAPETE A *Chica de ensueño*

Actúa como un premio y
convencerás a tu pareja de que lo eres

"La atracción sexual es 50% lo que tienes y
50% lo que la gente *cree* que tienes."

—SOFIA LOREN

Conoce a la chica buena

Todo mundo conoce a una "chica buena". Es la mujer que compensa de más, que le da todo a un hombre que apenas conoce, sin que él tenga que invertir mucho en la relación. Es la mujer que se entrega ciegamente porque desea con demasiado ahínco ser correspondida. Es la mujer que hace lo que cree que a su hombre le gustaría o querría porque quiere mantener la relación a cualquier costo. Toda mujer ha hecho esto en algún momento.

Es verdad que la revista de modas promedio le da a la mujer ridículos consejos para las relaciones, que hacen más fácil entender por qué las mujeres están deseosas de compensar de más: "Hazte la difícil y después cocínale una cena de cuatro tiempos... hornea galletas en forma de corazón con coberturas exóticas importadas de Malasia (como las de Martha Stewart).* Que no se te olviden los pequeños mantelitos de papel picado y las fresas orgánicas por las que manejaste durante dos horas. Después sírveselo todo en la segunda cita, vestida con un pequeño camisón negro de encaje". ¿Para qué sirve esta receta? Para un *desastre*.

*N. de la T. Martha Stewart es una estadounidense muy conocida por sus recetas de cocina.

PRINCIPIO DE ATRACCIÓN #1

Cualquier cosa que tengas que perseguir en la vida va a huir.

Especialmente en lo concerniente a tratar con un hombre. Con una advertencia: si lo persigues vestida con un camisón negro, primero tendrá sexo contigo… y después va a huir.

¿Por qué los hombres huyen de situaciones como ésta? Corren porque la manera de actuar de la mujer no sugiere que ella se dé un valor alto a sí misma. La relación es nueva, y el lazo entre ellos está relativamente vacío; pero ella ya jugó su mejor carta.

El hecho de que ella esté deseosa de compensar de más a un virtual extraño sugiere de inmediato una de dos cosas. Él va a asumir que ella está desesperada, o va a asumir que ella quiere acostarse con todos los hombres desde el primer momento. O *ambas opciones*. Lo que se pierde en el camino es que él aprecie todo el esfuerzo que ella hizo. Una vez que un hombre comienza a perder el respeto por una mujer porque ella acepta devaluarse sutilmente, también va a perder el deseo de acercarse a ella. Con o sin camisón.

Por otra parte, una chica de ensueño no se mata por impresionar a nadie. Por esto, la mujer de la que él se enamora de verdad no tiene que servir una cena de cuatro tiempos. Y tampoco la verás sacando su vajilla buena. Empezará cocinándole una cena de un solo tiempo. (Palomitas de maíz.) Sin mantelitos de papel picado. Cualquier recipiente de plástico sirve. Sencillamente le preguntará a su invitado:

"¿Qué prefieres, la bolsa o el recipiente?" Seis meses después cocina algo y le sirve un plato de comida caliente. ¿Y qué piensa él? "¡Qué bien! ¡Soy especial!"

No importa si es pasta con salsa comercial servida con albóndigas que compraste en el *Deli* de la esquina. Él dirá: "¡Esta es la mejor pasta que he comido en mi vida!".

Ahora se siente como un rey. Y la única diferencia es la cantidad de tiempo y esfuerzo que tuvo que invertir al principio. No obtuvo todo desde el primer momento, y así lo aprecia más.

PRINCIPIO DE ATRACCIÓN # 2

Las mujeres que tienen a los hombres arañando las paredes por ellas no siempre son excepcionales. Por lo general, son las que parecen no darle mucha importancia al asunto.

Esto no trata sobre cómo jugar un juego o cómo manipular a otra persona. Trata sobre si realmente te ves necesitada, o si puedes mostrarle, genuinamente, que eres su igual dentro de la relación. Trata sobre tu capacidad para ser *independiente* dentro de la relación.

¿Qué pasaría si desde el primer día estás dispuesta a complacerlo en todo? Él pensaría que estás desesperada, y querría ver hasta dónde estás dispuesta a llegar. Es parte de la naturaleza humana. Comenzaría a probarte desde el primer momento. Mientras más maleable te volvieras, más esperaría que lo complacieras. Instantáneamente te vería como a una pila Duracell, en eso de "¿Hasta dónde llegará? ¿Cuánto podré obtener de ella?".

Las chicas buenas deben saber lo que la cabrona comprende. Dar demasiado, o estar demasiado dispuesta a complacer, disminuye el respeto de un hombre; da el beso de la muerte a su atracción y pone un límite de tiempo a la relación.

La mayoría de los hombres no ven a una mujer que está dispuesta a hacer todo lo que se le pide como alguien que ofrece un desafío mental. Las mujeres inteligentes cometen el error de asumir que por tener un título de educación superior, porque pueden mantenerse firmes en un debate político y porque entienden sobre fondos de inversión, le pueden ofrecer estimulación mental a un hombre durante la cena. Pero el desafío mental tiene poco que ver con la conversación.

(Damos por descontado que si ella cree que Al Green y Alan Greenspan son la misma persona, entonces... *Torre de control, tenemos un problema.*)*

Por lo general, el desafío mental tiene que ver con si tú esperas que te respeten. También tiene que ver con la forma en la que te relacionas con él. Tiene que ver con que él sepa que tú no tienes miedo a estar sin él.

La chica buena comete el error de estar disponible todo el tiempo. "No quiero juegos", dice. Así que le deja ver lo asustada que está de no tenerlo y él pronto siente que tiene un control total sobre ella. Éste suele ser el punto en el que las mujeres empiezan a quejarse diciendo: "Él nunca tiene tiempo para mí. No es tan romántico como antes".

*N. de la T. Al Green es un cantante estadounidense y Alan Greenspan es el presidente de la Reserva Federal Estadounidense.

La cabrona es más selectiva sobre su disponibilidad. Está disponible algunas veces; otras no. Pero es amable. Quiero decir lo suficientemente amable para considerar las preferencias de él sobre cuándo verla para poder, *algunas* veces, complacerlo. ¿Traducción? Él no tiene un control absoluto sobre ella.

¿Qué pasa con la mujer que deja todo para ir a ver a un hombre? Ese hombre también sabe que tiene un control absoluto sobre ella. Después de un par de citas, sale una noche con sus amigos, regresa a medianoche, la llama, y ella sale corriendo a verlo. Cuando una mujer va a ver a un hombre en la madrugada, lo único que le hace falta es un letrero de neón en el techo de su coche que diga: ENTREGAMOS A DOMICILIO.

PRINCIPIO DE ATRACCIÓN # 3

Una mujer será apreciada como alguien que ofrece un desafío mental, en la medida en que un hombre no sienta que tiene el control total sobre ella.

Tu tiempo con él debe ser significativo. Una semana después de que conoce a un hombre, la chica buena se sienta en una silla, aburridísima mientras él hace algo que le interesa. Tal vez esté viendo deportes por televisión, limpiando su equipo de pesca, tocando la guitarra o trabajando en su coche. Ella está descontenta pero no hace ningún comentario. En lugar de eso, trata de pasarlo lo mejor posible y mata el tiempo de una manera cortés, con tal de estar con él.

Por otra parte, la cabrona hace los comentarios suficientes. De hecho se queja todo el tiempo. Quejarse no es malo, porque así él sabe que no puede pasar por encima de ella. Pero recuerda, el desafío mental no tiene nada que ver con ser verbalmente combativa. Tiene que ver con tus acciones y con cuánto de ti misma estás dispuesta a ceder. Por ejemplo, él dice que le gustan las rubias. Tú eres de piel oscura, ojos oscuros y cabello negro. La próxima vez que te ve, ya te lo decoloraste y teñiste tus cejas para que combinaran. ¿Traducción? Sentirá que tiene el control absoluto sobre ti.

"Al hombre el amor le nace por el estómago", suelen decir. Es verdad, pero nadie dijo que debes esclavizarte durante seis horas para alimentarlo. Ya sea que coma fuera o que ordenes comida para llevar, el estómago se llena, y sigue habiendo el amor suficiente. Principio útil: si está caliente, se lo va a comer. El resto es esfuerzo desperdiciado.

Las mujeres están condicionadas para entregarse por completo. Todavía no he visto en ninguna revista para hombres un artículo que explique cómo cocinar una cena de cuatro tiempos para una mujer. Lo más cerca que pueden llegar a una receta es la sección para fisicoculturistas, en la que enseñan a los chicos a mezclar unas cuantas claras de huevo con germen de trigo.

Toco el tema de la cocina porque es una de las muchas formas en que las mujeres dan demasiado. No quiero decir que te olvides completamente de cocinar. Tal vez es su aniversario y ya llevan juntos todo un año. Tal vez es su cumpleaños y quieres hacer algo especial por él.

Cocinar para él en alguna ocasión especial, y después de que se lo haya ganado, es un "regalo" bonito. Pero no es un regalo si se lo das desde un principio. Y como éste es un libro para mujeres, sería negligente de mi parte no incluir algunas recetas para esas primeras semanas de relación. Y, a diferencia de las recetas de Martha Stewart, las siguientes son fáciles de recordar. Ni siquiera necesitas un libro para guardarlas.

Aperitivo

Palomitas de maíz à la carte

Recomiendo las palomitas por su conveniencia y por la rapidez en su preparación. Primero pon la bolsa dentro del horno de microondas. Cuando todos los granos hayan reventado, saca las palomitas del horno con cuidado, porque van a estar muy calientes. Asegúrate de utilizar un guante para cosas calientes, un delantal y una espátula para ayudarte con la remoción de las palomitas del horno. Esto no sólo dejará impresionado a tu invitado, sino que también te hará ver como alguien que sabe lo que está haciendo.

Si te das cuenta de que las palomitas se quemaron, fíjate qué parte es la que se quemó. Si la parte superior de la bolsa se puso negra, tira las palomitas que están oscuras y salva el resto colocándolas en un recipiente. Sirve las palomitas amarillas a tu invitado y ajusta el tiempo del horno para hacer una bolsa nueva para ti.

Raciones: una y media (suficiente).

Plato fuerte

Delicias salseadas gourmet

Pon agua al fuego hasta que hierva y sumerge dos salchichas en ella. Cocínalas durante cinco minutos hasta que se endurezcan o estén ligeramente *al dente*. Sirve a tu invitado una bebida refrescante (*Kool-Aid*) y envíalo al balcón para que pueda apreciar la vista; recuerda que la ambientación lo es todo. Cuando no te esté viendo corta las salchichas en rebanadas y pon un palillo de dientes a cada una de ellas. Como Martha Stewart, puedes expresar tu creatividad con una gran variedad de palillos de diferentes colores. Ahora, sirve las pequeñas salchichas con dos "delicadas salsas" dispuestas una junto a la otra: cátsup y mostaza. Y nunca te refieras a esto como rebanadas de salchicha, siempre llámalas "Delicias salseadas *gourmet* ".

Ahora el postre: una rebanada de pastel (comercial) servida con café (instantáneo), y unas mentitas siempre le dan un toque sofisticado a la cena. Te recomiendo los sabores menta, hierbabuena o Trident.

Sabrás que la cena fue un éxito cuando él insista en invitarte a cenar fuera la próxima vez. Nunca más lo oirás decir: "Oye, ¿qué hay para cenar?".

Si después de algún tiempo, alguna vez mete la pata y te pide que cocines para él, sólo tienes que ofrecerte a cocinar tu especialidad: palomitas de maíz, salchichas y un pastel comercial, servidos con café y *Kool-Aid* para acompañarlos. Y después comienza a arreglarte porque antes de una hora él ya habrá reservado en un restaurante.

La cabrona no es la mujer que se queda en casa y trabaja horas extra refinando sus técnicas para "atrapar hombres". Sólo siente que todo lo que debe hacer al principio es enfocarse en ser una buena compañía. Y esto es más que suficiente hasta que él se gane la "silla de capitán" del yate.

Al principio, pon especial atención y toma nota de lo siguiente: si él no está dispuesto a mover un dedo durante el cortejo, te está dejando ver desde ese momento que no tiene nada que ofrecer en un futuro. Esta conducta no tiene nada que ver con tu valía. Tiene todo que ver con lo que él tiene para ofrecer. Y también tiene que ver con la forma en la que tú te presentas. ¿Estás trabajando horas extra? Si él tiene mucho que ofrecer pero tú no le permites ofrecértelo, no tendrá más opción que retroceder. Cuando una chica buena da demasiado, su conducta dice: "Lo que tengo para ofrecer no es suficiente, y lo que yo soy no es suficiente". Al contrario, la cabrona da un mensaje diferente: "Lo que soy es suficiente. Tómalo o déjalo". Y ahora, una comparación:

"NO SOY SUFICIENTE" VS.	"SOY SUFICIENTE. TÓMALO O DÉJALO"
Lo llama con frecuencia y le dice: "Por favor, regrésame la llamada".	Le regresa las llamadas cuando tiene tiempo.
Siempre está disponible como una azafata en un vuelo difícil.	Lo ve cuando le es conveniente.
Deja muy en claro que lo que está buscando es una relación, antes de tener mucha información sobre él.	Sale a divertirse y no le promete nada a un perfecto extraño.
Cuando él la llama, está enojada porque no llamó antes.	Cuando la llama, él tiene curiosidad de saber dónde está *ella*, porque no contesta.

continúa

"NO SOY SUFICIENTE" VS.	"SOY SUFICIENTE. TÓMALO O DÉJALO"
Suele llevar su coche.	Él pasa por ella o se desvía sin que le importe.
Pregunta: ¿Hacia dónde va nuestra relación?	Él no tiene la más mínima idea de hacia dónde va la relación y ella lo deja así.
Habla sobre tener hijos.	Ni siquiera recuerda el apellido de él.
Ella le pregunta sobre sus "ex".	Él menciona a las "ex"; ella ve la hora en su reloj.

UNA = TAPETE	LA OTRA = CHICA DE ENSUEÑO

Las bases se establecen desde el primer día. Desde el principio, él conscientemente (sí, conscientemente) trata de entender los parámetros y de saber *hasta qué punto se puede salir con la suya*.

La etiqueta telefónica también dice mucho. ¿Esperas a que él te llame antes de hacer planes? ¿Te descompones si él no te llama, se reporta o no llega como quedó?

Si es así, no le estás dando una lección sobre puntualidad. Lo que estás haciendo es demostrarle que tiene un control absoluto sobre ti, y éste no es un buen mensaje para alguien que acabas de conocer.

Es un hecho que la mayoría de los hombres deliberadamente no llaman, sólo para ver *cómo respondes*. Cuando una mujer está molesta, es fácil saber cómo es. Y un hombre puede medir, de una forma sencilla, cuánta falta le hace o cuánto quiere una mujer una relación si se aleja un poco. Así que olvida todas esas otras teorías de las revistas que dicen por qué un hombre no llama.

PRINCIPIO DE ATRACCIÓN # 4

Muchas veces un hombre deliberadamente no llama, sólo para ver cómo respondes.

Es parte de la naturaleza masculina probar las aguas para ver hasta dónde se pueden salir con la suya. Lo ves en la conducta de los niños y hasta en la de las mascotas. Así es como son.

Retirarse es también algo que los hombres necesitan para reafirmarse. Ningún hombre te va a decir: "Querida, necesito reafirmación sobre mi relación contigo". En lugar de ello, se va a retirar para ver cómo reaccionas. Cuando reaccionas de forma emotiva, él siente que tiene el control. Y si reaccionas de forma emotiva con frecuencia, poco a poco te verá como alguien que ofrece poco desafío mental. Si no puede predecir cómo vas a reaccionar, sigues siendo un desafío.

También le da algo que necesita mucho: libertad para respirar. Si no te llama en un tiempo un poco más largo de lo habitual, demuéstrale que no tienes ningún tipo de "actitud" sobre el particular. Esta conducta lo hará sentirse un poco inseguro sobre si lo extrañas (es decir, "necesitas") cuando no está contigo. Le da una razón para acercarse al no percibirte como una mujer necesitada.

Trata de no decir cosas como: ¿Por qué no me has llamado? o ¿por qué no he sabido nada de ti en toda la semana? Si actúas como si ni siquiera te hubieras dado cuenta (porque el tiempo pasa volando cuando te estás divirtiendo), él se acercará. ¿Por qué? Porque no sentirá que tiene el control absoluto sobre ti.

Recientemente, una de las principales revistas para adolescentes dio a las mujeres el siguiente mal consejo. Les decía que le pusieran notas en lugares inesperados como su mochila o *locker*, o que "escribieran un poema y lo colocaran bajo el limpiador del parabrisas de su coche". Como si esto no fuera más que suficiente para darle el beso de la muerte a la atracción que él pudiera sentir por ella... Pero espera, esto se pone mejor. Además les decía que lo agarraran desprevenido "haciendo que le entregaran una pizza". Está bien. Unimos todo y, ¿qué obtenemos? Una receta mágica para convencerlo de que lo estás *acechando*.

PRINCIPIO DE ATRACCIÓN # 5

Si comienzas siendo dependiente, lo decepcionas. Pero si eres algo que él no puede tener, obtenerte se vuelve un desafío.

Te repito que esto no se trata de aprender a jugar un juego. Se trata de entender la naturaleza humana y comportarse de acuerdo a ella. Un hombre siempre va a querer lo que no puede obtener. Cuando un hombre conoce a una mujer y ésta parece imperturbable, ganar su afecto se vuelve un desafío para él.

O, si él intenta que una mujer actúe con inseguridad, pero ella aguanta con cierto nivel de dignidad y orgullo, de repente la dinámica cambia. El mismo tipo receloso de las relaciones se convierte en un creyente. Ahora comienza a fantasear con que la cabrona cocine para él, doble sus calcetines o lo persiga. Pero si *comienzas* dependiendo de él, sencillamente no va a valorarte tanto.

Otro error que puede cometer una mujer es rebajarse. Cuando estés en una cita, nunca hables de la cirugía estética que te quieres realizar o de los kilos que debes bajar. Nunca lo disuadas de un cumplido. Ese es el momento en que debes estar segura de quien eres.

Así que, ¿cuál es la actitud correcta? "Esta soy yo, en todo mi esplendor... y no hay nada que mejorar". No hace falta que gastes mucho dinero en un sicólogo. Sólo repítelo hasta que te convenzas. Con el tiempo lo *vas* a creer, y él también.

¿Humildad? No te preocupes. Es una aflicción tratable, un desperfecto mental. Si te das cuenta de que estás siendo modesta o humilde o cualquiera de esas tonterías, corrige el problema enseguida. Regresa de inmediato a creer que eres "un buen partido". Punto. Fin de la historia. Caso cerrado. Si a otras personas no les gusta que sientas confianza, ése es su problema. ¿Por qué? *Porque tú siempre debes estar por delante de los demás; ése es el porqué.*

Caso pertinente: ¿Alguna vez has escuchado a un tipo decir que todos los hombres desean a su ex novia? La alaba tanto que cuando te enseña una foto de ella, te quedas asombrada. Lo que te gustaría decirle es: "Querido, parece la estrella de la película *Lassie regresa a casa*". Pero no te molestes, porque de inmediato saldría en su defensa: "Se veía mejor en la vida real". Inténtalo otra vez: "¿Se veía mejor entonces? (Pausa.) De verdad es una foto muy mala, no es cierto". (Sigues sin creerlo.)

Lo que las mujeres tienen que entender es que cuando un hombre las ve como un trofeo, su aspecto tiene poco que ver con ello. En el ejemplo anterior, existe un sencillo truco mental que es el siguiente: ella actuó como un premio, y entonces pasó algo muy simpático: él olvidó por completo *a quién estaba viendo.*

PRINCIPIO DE ATRACCIÓN # 6
Tu actitud sobre ti misma es la que un hombre va a adoptar.

Lo mismo sucede en el sentido opuesto. Una mujer hermosa puede hacerse ver horrible a los ojos de un hombre si es muy insegura.

Él te persiguió; por lo tanto, te encuentra atractiva. Un comportamiento modesto y una actitud confiada lo convencerán de que eres bellísima.

Nunca supongas que no eres lo suficientemente atractiva, y que por lo tanto debes dar demasiado o tienes que perseguir a un hombre. El gusto es subjetivo. Lo que para un hombre es "horrible", para otro es "hermoso". La primera cita tiene que ver con tu aspecto. En cuanto él se enamora, todo tiene que ver con tu actitud, si puedes mantenerte independiente, y puedes ser tú misma.

PRINCIPIO DE ATRACCIÓN # 7
Actúa como un premio y él creerá que lo eres.

Una mujer también se rebaja cuando se compara con otra. Así que no admitas que te sientes amenazada por otra mujer atractiva que entre al sitio en donde estés. ¿Qué tienes que hacer si quieres que una mujer que es un 6 en una escala de 10 se vea como un 12? Sencillamente actúa como si te sintieras amenazada. Si pretendes no fijarte en ella, él se dará cuenta de que confías en ti misma y quedará intrigado por *ti*. Y entonces ocurrirá otra cosa curiosa: de repente ella ya no se verá tan bien. Sólo tendrá el poder que tú le des.

Una amiga mía llamada Samantha salió por primera vez con un hombre que la llevó a una pelea de boxeo. Entre *rounds*, como siempre, salía una mujer sexy, casi desnuda, sosteniendo el número de *round*.

Su cita miró a la mujer y después, haciendo un esfuerzo por ser caballeroso, volteó a ver a Samantha. Y ésta actuó como si la razón de que la volteara a ver a ella fuera obvio.

Cuando la mujer volvió a salir para el siguiente *round* vistiendo un camisón de encaje transparente, mi amiga se agachó imperturbable bajo el asiento y le preguntó a su cita si podía beber un poco de agua de su botella. Él le dijo que sí. En ningún momento actuó como si se sintiera amenazada. En lugar de eso, permaneció muy tranquila como si la otra mujer ni siquiera existiera. Al final del tercer *round*, él ya ni siquiera se fijó en la mujer.

El resultado final fue que él se enamoró totalmente de Samantha. Y mientras conducía de regreso a casa, sólo repetía lo increíblemente bella que ella le parecía. La prueba fue que continuó persiguiéndola, y no a la desnudista que ofrecía demasiado para obtener el tipo de atención *que suele durar muy poco.*

Mientras que el comportamiento de mi amiga fue ejemplar, el de él no fue tan romántico. No debes pasar por alto que un hombre quiera llevarte a un sitio poco romántico en la primera cita. Si un hombre te lleva a una pelea de box, un lugar de bailarinas nudistas o a cualquier lugar donde por lo general se reuniría con un grupo de amigos, te está diciendo que no planea tenerte cerca durante mucho tiempo. Si te lleva a un lugar de este tipo en la primera cita, *no* vuelvas a salir con él.

Si estás en una situación incómoda, no te sientas obligada a competir contra otra mujer. Además, no necesitas tener demasiada piel al descubierto o sentir que tienes que trabajar más duro para obtener la atención sexual de un hombre. Conozco a una mujer que se va quitando capas de ropa dependiendo de la forma en que las otras mujeres estén vestidas. El tema vuelve a ser *dar demasiado*; y eso no es necesario.

Vestirte demasiado sexy no es una ventaja para seducir a un hombre. No se trata de tener éxito en excitarlo o no; ése no es un gran logro. Se puede excitar al andar en motocicleta o al dormir; se trata de que permanezca excitado *después* de que quede satisfecho. Esa es la clave.

Los hombres de calidad se sienten atraídos por menos, no por más. Si él ve a una secretaria linda que lleva el cabello recogido, ahí mismo, a plena luz del día, se va a empezar a imaginar cómo se vería con el cabello suelto. Si ve a una mujer vestida de tal forma que muestre algo en movimiento que él no puede ver debajo del suéter, va a desear ver más que si se lo muestra desde un principio. Cuando muestras tu figura, pero no dejas expuesto cada centímetro, "la desenvoltura del regalo" se vuelve mucho más estimulante. Desabotonar una pieza de ropa para obtener lo que quiere ver, lo excita aún *más*. No menos.

Es frecuente que los hombres cuando ven a una mujer vestida de forma provocativa digan: "Así me la recetó el doctor". Esto es cierto hasta que logran "lo que quieren" de ella y después, con o sin receta, pasan a otra cosa. La parte difícil no es obtener el interés de un hombre. El truco es saber *cómo mantenerlo*.

La mayor parte de mantenerte independiente en una relación empieza con cómo te *controlas*. Dar demasiado siempre va a ser dar demasiado y esto incluye todo, desde llamar a un hombre demasiadas veces hasta cocinar una cena de cuatro tiempos o vestirte demasiado provocativa. Recuerda el dicho: "La vela que brilla con el doble de intensidad arde sólo la mitad del tiempo".

Si en una cita posterior te vistes provocativa, eso es otra historia. Entonces él sabe que lo estás haciendo sólo por él, por lo tanto se convierte en un regalo. Por esto es que con frecuencia oyes decir a los hombres que quieren una dama en la mesa y una puta en la cama. Lo que los mantiene intrigados es lo que no les enseñas.

No permitas que los anuncios comerciales de la televisión sean tu guía. La mujer que mantiene el interés de un hombre no es la que se siente confiada debido a una minifalda en particular, un arete en el ombligo o un vestidito negro escotado. Una cabrona no depende de esas cosas para sentirse bien consigo misma. Depende de *quién es ella como mujer.*

"¡Debe aceptarme tal como soy!", dice la mujer que es demasiado buena. ¿Aceptarte? No, querida, estás mal. Debe estar enloquecido por ti. La aceptación no tiene nada que ver con ello. Él *acepta* un tapete. Pero *desea* a la chica de ensueño. Si buscas aceptación, ve a un grupo de autoayuda. Estamos hablando de lo que él ansía. Todo empezó cuando era un niño. Cuando en Navidad recibía un juguete que ni siquiera había pedido, jugaba con él durante cinco minutos completos. El juguete que estimaba era el que se compró ahorrando su mesada durante dos meses y que estaba en el estante superior de la juguetería. No podía alcanzarlo, pero siempre iba a verlo. Se levantaba todas las mañanas al amanecer e iba a entregar periódicos para poder comprarlo. Ese será el juguete que recordará toda la vida porque tuvo que ganárselo.

LO QUE ELLA PIENSA	LO QUE ÉL PIENSA
"Me estoy esforzando al máximo".	"Se está esforzando demasiado. Está desesperada".
"No quiero juegos".	"Habla demasiado".
"Estoy alimentando la relación".	"Se comporta como mi madre".
"Estoy dando el 100 por ciento para hacerlo funcionar".	"Ella es *tan linda*, pero no hay química".

Pero, ¿qué pasa con la cabrona? No hay falta de química sexual.

Ella tiene ese "No sé qué"

Je ne sais quoi es una expresión en francés que se traduce como "No sé qué". Implica ese "algo especial" que no se puede explicar con palabras. Es esa evasiva cualidad encantadora que no sabes describir. ¿A qué se refiere esta cualidad? A una mujer que se siente cómoda consigo misma y a la que no puedes hacer sentir mal.

No se trata de su aspecto; mujeres hermosas son abandonadas todos los días. Tampoco se trata de su inteligencia. Hay mujeres de todo tipo, desde mujeres brillantes hasta mujeres con el coeficiente intelectual equivalente al de una planta, que consiguen lo que quieren cada día. Se trata del misterio y de saber cómo crear intriga.

Cuando pierdes el sabor, la relación pierde el fuego. Piensa en él como si fuera un cerillo. Y tú eres la tira rugosa en la parte lateral de la caja que enciende ese cerillo. Cuando esa parte rugosa se gasta empieza a suavizarse, y es mucho más difícil lograr que haga una chispa.

Por ejemplo, el hombre podría decir: "Creo que necesito un poco de tiempo para pensar bien las cosas". La mujer que es demasiado buena responde: "Por favor no me dejes". La cabrona no. Ella se ofrece a ayudarlo a empacar. ¿Por qué? (escoge A, B o C)

A. Le gusta ayudar.
B. Él no sabe empacar.
C. Se quiere a sí misma.

Pista: La respuesta correcta es C. Porque se quiere a sí misma, la cabrona no desea a una persona que no quiera estar con ella. No se tira a sus pies ni le ruega piedad. Se mantiene firme; de ese modo evita que él se quiera ir.

Su aura dice que no lo quiere tan desesperadamente, no lo necesita tan desesperadamente o no está tan desesperadamente enamorada. Ella es la conductora de ese tren. *Sin esfuerzo*. Y esa facilidad es la que se traduce en encanto.

Ese *No sé qué* es una actitud sexy y traviesa. No sólo le demuestra que la cabrona no lo necesita, por lo general ni siquiera está concentrada en él.

¿Te has fijado que cuando estás hablando por teléfono y no le estás haciendo caso a él, de repente te da un beso en el cuello e intenta llamar tu atención? Ignóralo y se quedará intrigado. Conviértelo en el centro de tu atención y va a correr.

PRINCIPIO DE ATRACCIÓN # 8

La variable más grande entre una cabrona y una mujer que es demasiado buena es el *miedo*. La cabrona le demuestra que no le da miedo estar sin él.

Margaret Atwood* dijo: "El miedo tiene un olor, al igual que el amor". Se dice que el entusiasmo y el miedo vienen de la misma parte del cerebro. Cuando un hombre siente algo de miedo de perder a una mujer, su interés despierta.

Su psique es como la de una planta. Necesita agua pero también aire para poder respirar. Darle a un hombre demasiada seguridad demasiado pronto es como darle demasiada agua a una planta. Lo mata.

*N. de la T. Margaret Atwood es una escritora canadiense.

Una de las cosas que las mujeres deben cambiar es la noción de lo que es una cabrona. Ser cabrona es *bueno*. La cabrona es tan dulce como un durazno; sonríe y es femenina. Sólo que no toma decisiones basadas en el miedo a perder a un hombre.

La diferencia entre la cabrona y la chica buena no está en sus personalidades o en sus comportamientos. No tiene nada que ver con que una mujer sea intratable. Una cabrona es cabrona en sus acciones, porque no está dispuesta a abandonarse.

PRINCIPIO DE ATRACCIÓN # 9

Si tiene que escoger entre su dignidad o tener una relación, la cabrona dará prioridad a su dignidad.

La cabrona sigue siendo la misma persona durante una relación con un hombre. No pierde a sus amistades. No deja su carrera ni sus pasatiempos. No se olvida de tener tiempo para sí misma ni cede en todo. Y, al contrario que la chica buena, no *tolera demasiado* las faltas de respeto.

También mantiene un poco la intriga y tiene un respeto enorme por sí misma; está convencida de que su propio valor es el que gobierna sus decisiones. Irónicamente, como no tiene miedo de perder a un hombre, él empieza a *temer perderla*. Como no está necesitada, él comienza a necesitarla. Como no depende de él, él empieza a depender de ella. Es como un imán invertido. La persona que sea la menos dependiente en la relación automáticamente atraerá a la otra persona.

Conoce a la Cabrona "nueva y mejorada"

Vamos a terminar este capítulo redefiniendo la palabra cabrona. Piensa en ella como un "término cariñoso".

La cabrona no es la mujer que habla con un tono de voz fuerte. No es la mujer que es maleducada o ruda. Es amable pero clara. Se comunica de forma directa con un hombre, casi en la misma forma en la que los hombres se comunican entre ellos. Así, es mucho más fácil para un hombre tratar con ella que con una mujer indecisa o que parece ser demasiado emocional, pues el tipo de mujer emocionalmente sensible lo confunde. La cabrona sabe lo que le gusta y le es más fácil expresarlo de manera directa. Como resultado, por lo general obtiene lo que quiere. Aquí están las diez características que la definen:

1. *Mantiene su independencia.*
   No importa si es la directora de una compañía o mesera en un restaurante; ella gana un salario honradamente. Es honesta y no tiene la mano extendida para ver lo que le dan.

2. *No lo persigue.*
   La Luna, el Sol y las estrellas no giran alrededor de un hombre. No hace citas con él cuando su horóscopo le dice que su gran Mercurio está a punto de entrar con retraso en su pequeño Venus. No lo persigue ni lo está checando. Él no es el centro de su mundo.

3. *Es misteriosa.*
   Existe una diferencia entre ser honesta y divulgar las cosas. Ella es honesta pero no cuenta todo. No pone

todas sus cartas sobre la mesa. La familiaridad conduce al desdén y ser previsible con duce al aburrimiento.

4. *Lo deja queriendo más.*
No lo ve todas las noches ni le deja mensajes largos en su contestadora. No se tutea con su secretaria la primera semana. Los hombres identifican al deseo con el amor, y el deseo es algo bueno.

5. *No permite que él la vea pasando un mal rato.*
No deja que la comunicación entre ellos se vuelva complicada y evita comunicarse con él cuando está molesta. Cuando sus ideas están claras es breve y le dice las cosas basándose en razones.

6. *Tiene el control de su propio tiempo.*
Toma las cosas con calma, sobre todo cuando él quiere correr. Se mueve a su propio ritmo, no al de él, evitando así que él tome el control sobre ella.

7. *Mantiene su sentido del humor.*
El sentido del humor le permite a él saber que ella se mantiene independiente. Sin embargo, para ella las faltas de respeto no son cosa de risa.

8. *Se siente valiosa.*
Cuando alguien le hace un cumplido, da las gracias. No se avergüenza. No le pregunta a él cómo era su ex y no compite con otras mujeres.

9. *Siente pasión por cosas no relacionadas con él.*
Cuando él siente que no es el "máximo" de la existencia de ella, la ve más deseable.

Mantenerse ocupada le permite no quedar resentida cuando él está ocupado. Él no ocupa todo el espacio disponible dentro de su mente. Como en el juego de *Monopolio*, a él no le corresponden las propiedades más caras sino una de esas pequeñas propiedades cercanas a la casilla de salida.

10. *Trata a su cuerpo como a una máquina bien afinada.* Mantiene su aspecto y su salud. El respeto por uno mismo se demuestra en la forma en que él o ella mantiene su apariencia física. Si él le dice que no le gusta el lápiz labial de color rojo, ella continúa usándolo, si esto la hace sentir bien.

2

POR QUÉ LOS HOMBRES *Prefieren* A LAS CABRONAS

Descifrando el código: lo que toda chica buena necesita saber

"¿Felicidad? Un buen cigarro, una buena comida y una buena mujer –o una *mala mujer*. Depende de cuánta felicidad seas capaz de manejar."

—GEORGE BURNS

La emoción de la cacería

Las mujeres tienen que entender que los hombres adoran la "emoción de la cacería" y que son muy competitivos. Les gusta correr automóviles, el atletismo y la cacería. Les gusta arreglar desperfectos, descubrir cosas, la persecución.

El juego del gato y el ratón, que para las mujeres es tan frustrante, para los hombres es emocionante; y ésta es una diferencia básica entre hombres y mujeres. Para una mujer, el objetivo suele ser lograr una relación de compromiso, también conocida como puerto de destino; para el hombre, el viaje por el *camino* a ese destino suele ser lo más divertido.

La cabrona sabe que cuando un hombre quiere algo va a ir tras eso, e ir tras ello hace que lo quiera aún más. Si no tiene éxito desde el primer momento, comienza a desearlo todavía más, pues esto captura su interés y excita su imaginación. La mujer que es demasiado buena es como un balde de agua fría en este proceso. Es más probable que un hombre se aburra cuando no ha tenido que invertir demasiado de sí mismo.

Nadie respeta un regalo ni una limosna en ninguna faceta de la vida. Cuando una mujer se acuesta con un hombre desde el primer momento, deja de atraerlo hacia ella. Los hombres que entrevisté solían admitir que si el sexo era demasiado fácil de obtener, no era tan bueno.

Es como jugar *blackjack* (veintiuno). Si gana desde el principio, se aburre. Pero si va ganando poco a poco, las cosas se desarrollan de otra manera. Gana unas cuantas tiradas y después pierde una o dos. En este punto, ni siquiera una manada de caballos salvajes podría alejarlo de la mesa, pues se siente demasiado cerca de otra victoria. Casi puede saborearla. Brota su innata naturaleza masculina competitiva y *lo hace quedarse ahí y luchar*. Y si está perdiendo, luchará aún más.

PRINCIPIO DE ATRACCIÓN # 10

Cuando una mujer no cede fácilmente y no parece dócil o sumisa, obtenerla se vuelve más estimulante.

Otro ejemplo es cuando él sale en un viaje de cacería con "los muchachos". Salen durante una semana completa. Duerme en un saco de dormir viejo y sucio y queda cubierto de piquetes de mosquito. Come comida que ni siquiera los reos en prisión tocarían. ¿Por qué? Por la cacería. Y después, si en realidad logra cazar un alce, regresa a casa más orgulloso que un pavo real y quiere colgar la cabeza del alce en la pared del estudio. (¡Cuidado!—el cazador se convierte en decorador.)

Vamos a examinar algo que es importante. Si le fueras a tirar un alce muerto en la puerta, no querría tener nada que ver con él. Podría ser *el mismo alce* que él cazó, y aun así tendría un efecto totalmente diferente en él. Esta es la forma en que la persecución afecta su interés por una mujer. Si una mujer acosa a un hombre, provoca el mismo efecto que si le fuera a dejar un alce muerto frente a su puerta.

El objetivo mientras estén saliendo no es ser mala. Es provocarle la emoción de la cacería yendo poco a poco y dejándolo ser *un hombre*. Es fácil entender su naturaleza porque también está en nuestra naturaleza humana.

PRINCIPIO DE ATRACCIÓN # 11

Estar a punto de obtener algo genera un deseo que debe satisfacerse.

Los hombres suelen admitir: "Siempre quieres aquello que no puedes tener". La cabrona nunca deja que él sienta que la tiene bajo su poder. Como no la tiene totalmente, nunca deja de perseguirla.

Por lo tanto, cuando él piense que está haciendo progresos y que te tiene justo donde quería, a veces es adecuado recordarle, amablemente, que no estás bajo su poder. Aquí te pongo unas cuantas comparaciones entre la chica buena y la cabrona.

SITUACIÓN # 1: TE LLAMA Y ESPERA QUE ESTÉS EN CASA.	
Si la chica buena sale, lo llama antes para avisarle dónde va a estar y a qué hora va a volver.	La cabrona lo deja imaginarse de vez en cuando dónde estará.

Le recuerda con frecuencia que tiene el teléfono celular encendido, por si él necesita localizarla.	Deja que piense que no está a su alcance, no diciéndole siempre dónde está.

SITUACIÓN # 2: ÉL DICE QUE LLAMARÁ A CIERTA HORA Y LLAMA CUATRO HORAS MÁS TARDE.

La chica buena le grita y le dice que estaba preocupada: "¡Me deberías de haber llamado!".	La cabrona no se molesta con facilidad, así que no es tan fácil saber lo que está pensando. Puede o no contestar el teléfono, lo que hace que él la extrañe.

SITUACIÓN # 3: PARECE ESTAR UN POCO RETRAÍDO, PENSATIVO Y NO DEMASIADO CONVERSADOR.

La chica buena lo interroga constantemente y le pregunta: "¿Qué estás pensando?". Le preocupa que se esté alejando de ella.	La cabrona se mete en sus propios pensamientos. No entra en pánico, lo que hace que él se acerque a ella.

SITUACIÓN # 4: SIEMPRE LLEGA TARDE A LAS CITAS Y LA DEJA ESPERÁNDOLO.

La chica buena lo espera, lo llama a su celular y le dice que "debería valorarla más".	La cabrona espera media hora y después hace otros planes.

La diferencia entre estas situaciones no es tanto sobre cómo lo trates sino cómo te trates a ti misma. El comportamiento de la cabrona le deja saber sin palabras que no va a dejar su vida a un lado para darle cabida a él.

¿Eres demasiado buena?
Test

1. ¿Te sientes culpable cuando dices que no; o dices que no y después te preguntas si hiciste lo correcto?

   Sí No

2. ¿Con frecuencia intentas decirle a tu pareja que quieres que te trate con respeto?

   Sí No

3. ¿Sueles hacer trueques o negociar para obtener lo que quieres o necesitas?

   Sí No

4. ¿Sueles dejar de dormir o utilizas tu tiempo libre para satisfacer sus necesidades?

   Sí No

5. ¿Regularmente te avisa poco antes para una cita o sólo cuando le es conveniente?

   Sí No

6. ¿Te das cuenta de que tienes que repetirle lo que le pediste como si no te hubiera escuchado la primera vez?

   Sí No

7. ¿Después de una pelea, tú siempre eres la primera en buscarlo o en pedirle una disculpa?

   Sí No

8. ¿Notas que tú eres mucho más cariñosa y melosa que él?

Sí No

9. ¿Sueles sentirte agotada después de estar con él?

Sí No

10. ¿Constantemente quieres más atención o que refuerce tu confianza?

Sí No

Si contestaste "Sí" a cinco o más de estas diez preguntas estás dando mucho más de lo que estás recibiendo. Vamos a explorar por qué el entregarte tanto no es lo mejor para ti.

Las mujeres entienden el concepto del equilibrio entre trabajo y tiempo de ocio.

Suelen equilibrar el tiempo que pasan con su familia y el que pasan con sus amistades. Equilibran su trabajo con tiempo para estudiar. Pero en lo referente a un hombre, la chica buena abandona todo sentido de equilibrio y de inmediato convierte al hombre en el pastel completo. Pero para la cabrona, el hombre sólo es un pedazo de éste. Mantiene todos los otros pedazos intactos.

Todo comienza sutilmente. "¿Qué estás haciendo en este momento?", pregunta él cuando la llama desde su celular. "Pues iba a ir al cine con una amiga", contesta ella. Aquí la palabra importante es *iba* (pasado). Después él le pregunta: "¿Quieres que nos veamos?". Ella hace una pausa de dos segundos y le contesta: "Está bien".

Un hombre va a intentar volverte demasiado accesible porque lo natural es que quiera que las cosas sean convenientes para él. Y lo va a hacer utilizando las siguientes frases para presionarte:

"No me gusta hacer planes".
"Me gusta ser espontáneo".
"Me gusta hacer cosas inesperadas".

Otro factor clave que distingue a la chica buena de la cabrona es lo mucho que está dispuesta a ceder. Una vez que estás dentro de una relación y él ya demostró que pasado el tiempo sigue interesado, está bien ser un poco más espontánea. Sin embargo, al principio no estés tan accesible. Si lo haces, la relación siempre será bajo sus condiciones.

Con frecuencia la chica buena cancela sus planes con una amiga si consigue una cita de último momento. La cabrona no cede, simplemente mantiene los planes que ya tenía. Conozco una cabrona a la que su compañero adora completamente. Si se está pintando las uñas de los pies cuando él llama, le sigue diciendo: "Muchas gracias, pero en este momento estoy un poco ocupada".

PRINCIPIO DE ATRACCIÓN # 12
Un hombre sabe cuál mujer va a ceder a sus deseos de último minuto.

Algunas veces un hombre va a intentar conseguir boletos para algo en el último minuto. O va a planear una sorpresa romántica. Es espontáneo, pero deja claro que tú eres su prioridad – así que es inofensivo. Estás en buen camino si te llama todo el tiempo y te quiere ver.

Sobre lo que debes estar alerta es sobre ir a citas de último minuto o sobre recibir esas llamadas para hacer algo a última hora porque él no tenía nada mejor que hacer. Algunas veces cuando una mujer tiene sentimientos por un hombre, no distingue entre estos dos tipos de situaciones.

EL HOMBRE ESPONTÁNEO QUE TE ESTÁ USANDO COMO RESPALDO	VS. EL HOMBRE ESPONTÁNEO QUE TE ADORA
No sabes nada de él durante dos semanas y de repente te llama.	Hace citas con anticipación y también quiere verte de forma espontánea entre ellas.
Da prioridad a sus compromisos sociales con sus amigos de parranda.	Sus amigos se quejan de que desapareció de la faz de la tierra. Lo molestan, pero a él parece no importarle.
Planea viajes con sus amigos y nunca te pide que lo acompañes.	Constantemente te pide que solicites permiso en el trabajo para poder escaparse juntos.
Cuando está contigo está molesto y siempre se queja de que no tiene tiempo para él.	Está feliz de estar contigo. Todos sus amigos y familiares dicen que se ve más contento que antes.
Te llama para cancelar los planes para esa noche. Más tarde, lo llamas y responde la contestadora. Al día siguiente te llama y te da una buena excusa.	No se siente bien por tener que cancelar. Te llama en cuanto regresa de donde esté porque no tiene nada que esconder y *quiere* que sepas que es honesto.
Nunca te saca ni gasta mucho dinero. Puede pedirte un préstamo. Antes de que te des cuenta le estás pagando los estudios.	Haría cualquier cosa por verte sonreír.-

continúa

EL HOMBRE ESPONTÁNEO QUE TE ESTÁ USANDO COMO RESPALDO	VS.	EL HOMBRE ESPONTÁNEO QUE TE ADORA
Le dejas saber que vas a estar libre cierta noche del fin de semana. Y, aunque trabaja durante la semana, no hace tiempo para verte.		Casi siempre te ve cuando estás libre, a menos que tenga un compromiso profesional o que haya alguna circunstancia atenuante importante.

Un ejemplo común es la "típica llamadita". Primero, el tipo dice que está esperando que alguien lo llame para poder confirmarte si podrá verte. Te llama a las 5:00 y te dice que todavía no se bañó pero que ya va para allá. A las 7:00 te vuelve a llamar y te sale con que: "Mi amigo Troy pasó por aquí". Y te dice que va a salir un rato con él pero que te quiere ver más tarde. Regresa muy tarde, y entonces es cuando quiere verte, siempre y cuando tú vayas a su casa.

No importa cuánto quieras verlo, no vayas. En este punto, deberías de considerar seriamente no volver a verlo nunca más. Si vas, no te vas a volver más atractiva ante sus ojos, más bien estarás disminuyendo su atracción por ti.

Una amiga mía llamada Crystal estaba en esta situación y la manejó a la perfección. Un hombre llamado Brett la llamó un sábado por la noche; era más de medianoche y estaba lloviendo, y en un tono muy seductor de voz le pidió que fuera a su casa. La "típica llamadita". Crystal no había sabido nada de Brett durante dos semanas; él le había dicho que quería "salir con otras personas". Además en ese tiempo vivía a más de 50 kilómetros de distancia de ella.

Crystal le dijo: "Está bien, cariño: voy para allá. Dame sólo cinco minutos para ponerme un liguero bajo el impermeable. Llegaré en unos cuarenta minutos". También le pidió a Brett que la esperara en la calle con un paraguas para no empaparse al entrar. Él esperó y esperó. Tres horas después, algo se le reveló como por arte de magia: no iba a llegar.

Cuando Crystal despertó tenía varios mensajes de Brett. En uno de ellos le decía que tenía mucha gripe por estar parado bajo la lluvia. (No fue culpa de ella. Debió haberse vacunado.)

Te repito que la cabrona es muy dulce. Tan dulce como un durazno. Pero dentro de éste hay un hueso muy duro. Y esto significa que cuando un hombre le falta al respeto no tiene por qué explicar lo que es obvio. No hay manera de permanecer firme en una relación y al mismo tiempo aceptar conductas groseras. Un hombre de calidad no quiere a una mujer que pueda pisotear. No hay nada de malo en tener un poco de respeto por ti misma además de unas cuantas condiciones.

Condición # 1

Debe reservar por adelantado.

¿El mensaje? Tu tiempo y atenciones son valiosos.

Si te tratas a ti misma como mercancía valiosa, él te valorará más. Por ejemplo, si te llama y te dice: "¿Cuándo podemos vernos?", no le contestes: "Estoy totalmente libre. Dime un día. ¡*Cualquiera*!". Él sugiere el viernes: "¡Está bien!". Si sugiere el martes: "¡Está bien!". Si sugiere del domingo en tres semanas: "¡Está bien!".

En lugar de eso, dile amablemente que hay dos noches que te convienen y deja que escoja una de ellas. Lo más probable es que escoja las dos.

Aquí tienes una circunstancia similar. Un médico que conozco puso un consultorio privado. No quería que su secretaria dijera: "Claro que tenemos muchísimas citas disponibles. Pase por aquí cuando quiera". En vez de eso, le pidió que dijera: "Podemos recibirlo a las 2:15 o a las 4:15. ¿Cuál le conviene?". La mayoría de las personas tienden a valorar más una cita con un médico que parece estar relativamente ocupado *pero que acepta hacerles un espacio* que con uno que siempre está disponible como una tienda de 24 horas.

Condición # 2

No lo veas cuando estés cansada.

¿El mensaje? Él no está antes que tus necesidades básicas (por ejemplo, el descanso).

¿Él dice que le gustaría verte a las 9:00 p.m., y tú no quieres salir hasta tarde? Dile: "Me gustaría que nos viéramos más temprano". Si no puede porque tiene que trabajar hasta tarde, no se lo tomes en cuenta. Sólo sugiérele dejar la salida para otra noche.

Condición # 3

Si no te estás divirtiendo o si él no es buena compañía, termina la cita de inmediato y dale una explicación superficial.

¿El mensaje? Tienes un criterio sobre cómo quieres que te traten.

Por ejemplo, estás en una primera cita. Él se emborracha y su comportamiento no es adecuado. Para empezar, nunca te subas a un coche con alguien que está tomado. Siempre lleva una tarjeta de crédito en un bolsillo o un billete de 200 pesos en tu brasier. Dile que quieres irte a casa temprano; ve al baño de mujeres y pide un taxi.

Otra amiga llamada Kelly atrapó a un tipo con el que muchas mujeres querían estar. Y lo logró con sólo portarse reticente. El hombre tenía mucho éxito, era muy atractivo y carismático. Vio por primera vez a Kelly en la cafetería en la que ella suele comer. Él emitía esas vibraciones de confianza en sí mismo y estaba acostumbrado a que las mujeres lo buscaran.

Kelly fue la excepción a la regla. Él intentaba atraer su atención mientras ella estaba totalmente concentrada en su sándwich de tocino, lechuga y jitomate. Sabía que él la estaba viendo, pero hacía como que no se daba cuenta. Él regresó el siguiente martes. Y el miércoles. Cuando finalmente le pidió que saliera con él, ella hizo una pausa antes de contestarle: "No te conozco, así que no pretendas buscar algo romántico. Podemos empezar como amigos y ver cómo se van dando las cosas".

Este hombre estaba acostumbrado a tener mujeres rogando por estar con él, pero Kelly se le presentó como el reto de perseguir a una mujer que le hizo saber que no le iba a ser fácil conquistarla. De esta forma, *se mantuvo firme*.

PRINCIPIO DE ATRACCIÓN # 13

Tener términos y condiciones indica que tienes opciones. Casi desde el principio te presentas como un tapete o como una chica de ensueño.

"Términos y condiciones" son una idea demasiado nueva para una chica que es demasiado buena. (Y no deberías salir de casa sin ellos.) Pero no me malentiendas. El amor incondicional es algo maravilloso; asegúrate de darlo sólo después de que se hayan cumplido tus condiciones.

El complejo de Mamá/Pu

En el campo del psicoanálisis, hay un complejo masculino llamado Síndrome de la Madona-Prostituta. Vamos a olvidarnos de estos términos rimbombantes y llamémoslo Mamá/Pu para poder entender mejor a nuestra contraparte masculina.

La teoría Mamá/Pu sostiene que un hombre te verá como a una "mamá" o como a su "pu". La palabra *pu* viene de la palabra *puta*. Dejémonos de tonterías. Una pu es cualquier mujer con la que él está teniendo sexo, cualquier mujer con la que quiere tener sexo o cualquier mujer con la que haya tenido sexo.

Su opuesto es la mamá. Un hombre puede sentir afecto hacia una mujer que sea muy dulce y buena, algo muy parecido al afecto que siente por su madre. Como ella no le presenta un reto y siempre está ahí, él empieza a no tomarla en cuenta. Por esto es por lo que oyes a algunos hombres decir: "Es tan linda, pero no hay química entre nosotros". Por lo tanto:

SEGURA + ABURRIDA + MAMÁ = NO HAY CHISPA
Y
IMPREDECIBLE + NO MONÓTONA + PU = FUEGOS ARTIFICIALES

Aunque sabemos que el hombre se siente excitado por la mujer independiente que no puede tener, va a tratar de convertirte en su mamá. Querrá que cocines, limpies y laves la ropa.

Una conocida mía cortó de raíz el tema del lavado de ropa desde un principio. Al inicio de su matrimonio, metió un suéter rojo con toda la ropa interior blanca de su marido. Además de eso, lavó todo con agua bien caliente. Lo único que se salvó fue el calzón que llevaba puesto. Ningún macho heterosexual que se respete dejaría que alguien viera que está utilizando calzones de color *rosa*. Así que al ver sus piezas de ropa echadas a perder, él la amenazó con las mismas palabras que ella esperaba oír: "¡Nunca más vuelvas a lavar mi ropa!".

Lo que toda chica buena debe saber es que por más que hagas un esfuerzo para ser el ama de casa ejemplar, él va a seguir queriendo que seas una *pu* tras las puertas cerradas. Las dos están muy relacionadas. ¿Por qué? Porque si constantemente te portas como su mamá vas a acabar por aburrirlo. Sí, ya sé que dicen que todo hombre está buscando a su madre. Esta teoría es bastante agradable, pero no significa que debas salir disparada a lavarle la ropa o que lo trates como si fueras su ama de llaves. Hay cuatro cosas que hacen que un hombre se sienta sofocado o con su madre al lado, que suelen terminar con su deseo y que hacen que se separe de ti como un adolescente rebelde. Estos son los principales *nos* antes de portarse como su madre:

No te aparezcas para ver lo que está haciendo o le pidas que se reporte contigo.

No esperes que él pase todo su tiempo libre contigo (sin antes pedirlo).

No le pidas que te dé cuentas del tiempo en que no está contigo.

No lo idolatres tanto que no le dejes espacio para acercarse a ti.

Nunca hagas que parezca como que lo estás cercando. Por ejemplo, supón que termina de hablar por teléfono con su querida tía Marta, a quien no ve desde hace mucho. Empezar a hacerle preguntas de inmediato o cuestionarlo sobre con quién estaba hablando, tiene el mismo efecto en él que ponerte un delantal y empezar a actuar como su mamá. Se va a rebelar, como si fuera un adolescente.

Hay muchas cosas que las mujeres dicen sin darse cuenta y que suenan muy maternales: "Descansa un poco", "no llegues tarde", "llámame cuando llegues" o "come algo antes de salir". Lo harás sentir castrado. Es igual que si le dijeras a un niño de dos años: "Después de la siesta te voy a dar una galletita".

Pedirle a un hombre que te dé explicaciones o que se reporte contigo es ser maternal. Tal vez llegó a casa media hora más tarde de lo normal. Quizás un amigo le estaba ayudando a arreglar su podadora, o tal vez estaba bebiendo una cerveza sobre el cofre del coche de su amigo. En el mismo segundo que sienta que te tiene que dar explicaciones, sentirá que está perdiendo su libertad. Entonces va a inventar una historia para encubrir algo que no tenía que encubrir, sólo para proteger su "territorio", y se va a sentir arrinconado.

PRINCIPIO DE ATRACCIÓN # 14

Si lo asfixias, él va a ponerse a la defensiva y va a buscar una ruta de escape para proteger su libertad.

No lo hagas sentir como si tuviera que pedir permiso para hacer las cosas del día a día. Asfixiarlo es vigilarlo de cerca. No lo hagas sentir como si estuviera siendo observado *bajo un microscopio*. Se sentirá controlado y en ese instante querrá escapar.

Si se está rasurando y ya se le hizo tarde para irse a trabajar, no te metas al baño a observarlo. No abras la cajuelita de mano de su auto como si ahí pudieras encontrar algo sospechoso. Que no parezca que estás escuchando sus conversaciones telefónicas. No intentes adueñarte de su cocina ni dejes cosas de mujer en su baño como si estuvieras marcando tu territorio. No le pidas que esté todo el tiempo contigo y no le digas "te extraño" cuando llevas dos horas sin verlo. Si haces estas cosas, sutilmente tú estás haciendo la cacería.

No le digas cosas como: "fájate la camisa", "ve a lavarte las manos" o "péinate". No le preguntes si tiene hambre tres veces seguidas y no estés pendiente de él todo el tiempo, a menos que tenga gripe. (Un pequeño resfriado y puedes tratarlo como si tuviera una enfermedad terminal.)

No hagas planes para que pasen juntos todos los fines de semana y que él tenga que pedirte permiso para irse a pescar; deja que pesque un par de peces. Si no, él va a empezar a cancelar las citas. ¿Por qué? Porque va a actuar como un adolescente rebelde a quien su mamá dio una hora de llegada.

Lo hará de forma deliberada para que no te acostumbres a *imponerle* qué hacer con su tiempo.

Cuando te refieres al tiempo juntos como algo que él tiene que hacer, tomas algo que era un placer y lo conviertes en rutina. Si eres amable, pero te entregas pidiendo reciprocidad, esta demanda hará que retroceda unos cuantos pasos. En cuanto lo hagas sentir que *tiene que verte*, él lo sentirá como un trabajo. Si verte *no* es una obligación, sentirá que es un placer.

PRINCIPIO DE ATRACCIÓN # 15

Siempre que una mujer le pide demasiadas cosas a un hombre, él lo va a resentir. Deja que él dé libremente lo que quiera dar; y después observa quién es.

A los hombres les gustan las cosas difíciles. Les gusta conducir automóviles con cambio manual de velocidades, les gusta saltar desde un avión y escalar montañas. Les gusta hacer cosas imposibles. Por lo tanto, si tiene que salirse de la rutina para verte, se sentirá más contento. No lo sentirá como un trabajo.

Esta teoría aplica para cualquier cosa: una llamada telefónica, el tiempo que pasan juntos, el sexo o cuando se reporta al final del día. Si siempre le haces sentir que puede darse el tiempo para hacer lo que le gusta, siempre sentirá deseo. Serás su amante y no su madre. Te verá como un privilegio y no como una obligación, y se acercará a ti.

La regla de "no enjaular"

En el momento en que un hombre se siente vulnerable, empieza a temer quedar emocionalmente devastado. Cuando él conoce a una chica buena, ella potencialmente podría representar un "para siempre". Que el cielo no le permita a ella mencionar la palabra *relación* un par de veces, porque él llamaría al teléfono de emergencias. De inmediato pensaría que ella quiere ponerle un cerrojo y tener bebés. Que el cielo no te permita emocionarte al ver un bebé bonito. Trauma. Tiene pesadillas y las ve como una señal urgente de que necesita un método anticonceptivo de respaldo.

Algunas veces oyes que los hombres dicen: "Quiero dejar mis opciones abiertas" o "todavía no quiero atarme". O usan frases como *bala de cañón* y *grillete* o *mandilón*. Mi término favorito es el que empieza con las palabras *te tiene agarrado de* y acaba con una parte del cuerpo femenino.

PRINCIPIO DE ATRACCIÓN # 16

La cabrona le da al hombre el espacio suficiente para que no se sienta atrapado en una jaula. Entonces... él se propone atraparla en la suya.

Queda claro que los hombres se sienten realmente asustados de perder su libertad. La idea de quedar pegados a una mujer los aterroriza. Si la mujer actúa inmediatamente como si esperase que un hombre se comporte como un novio formal sin mucho esfuerzo de su parte, él se va a espantar y va a escapar. A la chica buena sólo le toma unas cuantas citas hacer que él se sienta atrapado y comenzar el proceso de "poner bajo llave".

LO QUE ELLA DICE...	LO QUE ÉL OYE
"Me gustaría saber dónde estás cuando sales por la noche. Es de buena educación".	Salidas limitadas supervisadas, seguidas de revisión de la celadora a la hora de llegada.
"Me molesta que no me llames cuando no estamos juntos".	El sonido de las llaves que acompañan sus grilletes.
"Deberías estar conmigo. ¿Para qué quieres a tus amigos si me tienes a mí?".	"Se apagan las luces y se cierra la puerta", ¡en quince minutos!
"Me gustaría casarme y tener hijos este año".	Nada. (Reo escapado.)

De repente, ¡puff! Se acabó la magia. A él le da pánico sentirse un reo dentro de una celda. En contraste, la cabrona mantiene un poco más de distancia, y así hace que parezca que está menos interesada en quitarle su libertad o en encadenarlo. Esta es una de las cualidades más importantes que hacen que un hombre se sienta atraído por una cabrona.

Responde lo siguiente…

- ¿Alguna vez has tenido una pelea de almohadas y sentido que tu pareja y tú están más excitados?

- ¿Te has dado cuenta de que cuando juegas a pelear con un hombre, éste se enciende?
- ¿Te has fijado que cuando un hombre se pasa de la raya y tú lo pones en su sitio, lo provocas?
- ¿Nunca te has preguntado por qué los hombres en los que no estás interesada no dejan de perseguirte?
- Cuando estás saliendo con alguien y no le prestas atención, ¿no parece estar más intrigado y te persigue más?
- ¿Alguna vez has estado jugando con tu mascota y notado que tu hombre parece celoso?

Para entender completamente por qué ocurre esto, debemos concentrar nuestra atención en donde se encuentra la respuesta verdadera: el Animal Channel.*

Los hombres son cazadores y, como cualquier depredador, les gusta más cazar cuando la presa se resiste. A la mayoría de los hombres los excita la cabrona porque es emocionante someter a una mujer poderosa.

Veamos las aplicaciones prácticas de lo anterior. Una estudiante universitaria llamada Nancy tomaba una clase por las noches y estaba interesada en un estudiante del sexo opuesto. Cada día él se sentaba más cerca de ella, hasta que al final la invitó a salir. Ella le dijo: "Bueno, me encantaría. Pero mientras estemos tomando esta clase me gustaría mantener las cosas en un tono profesional". Era innegable que había mucha química entre ellos, por lo tanto el comentario no lo disuadió. Lo convirtió en: *Operación: atrapa a esa chica.*

La forma de sofocar sus miedos es decirle que no estás interesada en nada "demasiado serio". Mientras apenas note que te interesa, seguirá acercándose. En su mente, tú siem-

*N. de la T. Canal de TV especializado en zoología.

pre podrás cambiar de idea, pues los hombres están condicionados a conocer mujeres que buscan un compromiso. Al aparentar que no te interesa el compromiso, interfieres en su programa de "poner bajo llave" y ya no sabe qué puede esperar.

PRINCIPIO DE ATRACCIÓN # 17

Si le dices que no estás interesada en comenzar una relación, él intentará hacerte cambiar de idea.

Esta es la manera de sentarte en el asiento de la conductora del tren, y hacer que él quiera permanecer a bordo. Cuando él maneja, no hay "emoción" ni "caza". Pero si tú estás manejando, de pronto se convierte en un viaje divertido porque él no puede anticipar lo que va a suceder después. (Y yo les digo, compañeras, sería muy egoísta no darle el gusto de divertirse tanto.)

Frases que puedes decir para evitar la jaula

Cuando salgas con él por primera vez, dile que "no estás buscando una relación seria en este momento". (Claro, las cosas pueden cambiar.)

continúa

> Si trabajan juntos, dile: "No sé si sería buena idea mezclar negocios y placer". (Necesitas que te convenza.)
> Si es una relación de larga distancia, dile: "No estoy segura que las relaciones de larga distancia funcionen". (Es bueno probar.)

Lo opuesto también funciona. Si por ejemplo, a ti *no* te gusta él y quisieras que dejara de llamarte, intenta con: "¿Bebés? ¡Me encantan los bebés! Pienso tener por lo menos media docena y tal vez más. Mi reloj está haciendo tic-tac, así que me gustaría empezar pronto. *Muy pronto*. Tal vez, los primeros seis en los próximos cuatro años…". Continúa hablando sobre esos bebés.

Este es el método perfecto para tratar a ese chico amistoso en el que no estás interesada y al que no quieres herir. Es la manera perfecta de deshacerte de él. "¿Pañales? Es fácil aprender. Y, no te preocupes… ¡acabarás por acostumbrarte al olor a popó! No durará mucho, sólo hasta que aprendan a ir al baño…". Sólo asegúrate de estar al nivel del piso cuando se lo digas, para que no se lastime al saltar por el balcón. (También se deben evitar las ventanas abiertas y los lugares altos.)

Si no lo haces sentir encerrado, se acercará a ti. Piensa en él como si fuera un perro asustado, eventualmente bajará la guardia y regresará. Pero si lo arrinconas te atacará. Esto se relaciona con el porqué los hombres aman a las cabronas. Cuando él conoce a una mujer que no está disponible o es un poco cabrona, tiene una excusa integrada para no acercarse demasiado. "Es una cabrona, así que no voy a dejar que la relación llegue muy lejos. Sólo me voy a divertir un poco", se dice a sí mismo. Diversión es igual a libertad. Eso es hasta que se engancha y entonces es jaque mate. Los hombres no escogen enamorarse; les sucede por accidente. Es por eso que acuñaron la frase *caer rendido a sus pies*. Algo así como: "¡Ups!". *Cayó*. Él tenía un plan… pero algo salió terriblemente mal.

PRINCIPIO DE ATRACCIÓN # 18

Siempre hazle creer que tiene espacio suficiente. Eso hace que baje la guardia.

Mientras más relajado, estará menos en guardia; y de ahí sólo es cuestión de tiempo para que alcance el punto sin retorno. Cuando esté locamente enamorado, no te va a hacer falta decir cosas como: "¿A dónde vas?" o "¿qué estás haciendo?". Él te va a decir todo lo que siempre quisiste saber porque *quiere*, no porque tú se lo tengas que pedir. Y sí, cuando salga con sus amigos, no podrá esperar para regresar a casa contigo.

El poder de la elección

¿Quién se puede olvidar de la escena en la película "*Coming to America*" (Un príncipe en Nueva York) en la que Eddie Murphy, como el príncipe, está parado frente al altar preparado para casarse con su bella novia en un matrimonio arreglado? Antes de la ceremonia, lleva a la novia a otro cuarto y le pregunta: "¿Qué te gusta?". Ella responde: "Cualquier cosa que te guste a ti". Después le pregunta qué le gusta comer. "Lo que te guste a ti." Sus respuestas se vuelven cada vez más serviles. Entonces él le dice que ladre como perro y salte sobre un pie. Cuando ella lo hace, él se da cuenta de que no puede casarse con ella.

Los hombres quieren una mujer que piense por sí misma. Que opine. La manera en que haces valer tus derechos le permite saber si tienes confianza en ti misma. Le permite saber si puedes ser independiente. Si comete "algún disparate", tú puedes regresárselo. Él respeta a la mujer con quien puede "intercambiar golpes" y *sigue siendo independiente*.

No tienes que estar de acuerdo siempre con todo lo que él dice. Un hombre se enamora de una mujer cuando cree que ha encontrado "una rival digna".

Si tú tienes ideas muy firmes sobre algo, no temas expresarlas. Cuando él te pregunte: "¿Qué película quieres ver?", no dejes que él escoja siempre. Qué tal si le dices: "Oye, ya vimos dos películas de acción seguidas, así que hoy quiero ver una romántica". Los hombres se sienten atraídos hacia las mujeres que expresan sus opiniones.

Como lo describió un hombre casado: "De vez en cuando arréglate para salir y dile a él que se quede en casa a cuidar a los niños. No se lo pidas. *Sólo díselo*".

Otro más dijo algo más conmovedor. "No creo que a la mayoría de los hombres les importe que su mujer sea quien tenga el control en la casa. Siempre y cuando nadie más se entere."

Así que siempre da tu opinión desde el comienzo de una relación. No des la impresión de ser demasiado débil. ¿Recuerdas la escena de la película "*When Harry Met Sally*"

(Harry y Sally) en la que el personaje que hace Meg Ryan tarda una hora en ordenar un sándwich? Siempre da tu opinión. Declara lo que prefieres. Sé amable, pero no temas expresar lo que te gusta.

Por ejemplo, supón que estás en el videoclub decidiendo entre dos películas para rentar. No te lleves la que ya viste. "Si tú no la has visto, la vuelvo a ver contigo." Abofetéate. "Hay muchas películas buenas. ¿Qué te parece si llevamos una que ninguno de los dos hayamos visto?"

Si sugiere comida india y tú la odias, dile: "Oye, oí que acaban de abrir un restaurante nuevo justo aquí al lado". Demuéstrale que no te da miedo hacer una sugerencia o tomar la iniciativa. Asume que un hombre quiere ser un caballero; y si quiere ser un caballero, querrá *complacerte*.

La cabrona requiere que haya una situación equívoca, mientras que la chica buena no. Si el tipo insiste en escoger la película o el restaurante todo el tiempo y no le importa lo que ella quiere, la cabrona dejará de tener contacto con él. No se trata de decidir entre comida italiana o china. No se trata de ver una película o la otra. Se trata de que él le está demostrando que es egoísta; y éste es un defecto de carácter que la cabrona no tolera.

Este es un ejemplo tonto, pero te lo pongo porque es evidente que funcionó. Recientemente, una amiga mía sueca llamada Anna cenó con un hombre; y él ordenó dos langostas.

El mesero trajo dos langostas vivas a la mesa y le preguntó: "¿Le gustarían estas dos, señor?". Mi amiga no es vegetariana, pero creció en Suecia con dos ranas como mascotas y no le gustó ver a las langostas moviendo sus patitas. Así que le dijo: "No creo que pueda seguir sentada aquí durante los próximos cinco minutos pensando que van a cocinar vivas a esas criaturitas", e insistió en que él ordenara algo diferente.

Anna hubiera apostado todos sus ahorros a que este hombre nunca la volvería a llamar, pero sí lo hizo. Llamó casi todos los días de esa semana. Fue más importante complacerla que comer langosta. Eso es un caballero. No digo que el ejemplo de la langosta sea un truco que debas probar, pero es mucho mejor que la novia de Eddie Murphy que decía: "Lo que tú quieras".

PRINCIPIO DE ATRACCIÓN # 19

Más que nada, él se está fijando en si serás demasiado dependiente emocionalmente.

No es que un hombre quiera a una mujer que lo esté "molestando" todo el tiempo o que siempre se esté quejando de todo lo que está mal en su vida. Quiere una mujer que no tenga miedo de no estar de acuerdo o de expresar una opinión.

Cuando él pregunta durante la primera cita: "¿Qué te gusta hacer?", no encojas los hombros y contestes: "Mmm, ya sabes, cosas". No es necesario que digas que te gustaría saltar de un *bungee*, escalar montañas y después regresar a casa y tener sexo toda la noche. Pero muéstrale que tienes "apetito por la vida". Tu vida.

Todo se basa en la forma como describas las cosas. No es lo mismo: "De vez en cuando (bostezo) leo algo", que: "Estoy leyendo un libro *increíble* de Susan Faludi, que está lleno de intrigas. Ella es una escritora sorprendente".

Para entender mejor por qué los hombres se sienten desilusionados por las mujeres necesitadas, recuerda siempre este ejemplo: ¿Tienes alguna amiga que siempre aparece cuando está molesta con algún hombre? Entre relaciones, nunca sabes dónde está. Después de no saber nada de ella durante dos meses, viene a llorar en tu hombro en cuanto el tipo la manda a volar; y después no la vuelves a ver hasta que el siguiente la deja.

Con el tiempo ya no vas a querer estar cerca de ella porque no vas a sentir *que ella esté contribuyendo en algo* a su amistad. Así se siente un hombre cuando dependes demasiado de él. Si te recargas demasiado en él, te conviertes en una carga. Él es humano y tiene sus propios problemas. Demuéstrale que vas a ser una compañera equitativa, lo que significa que también tendrás algo para contribuir.

El mero hecho de que la cabrona ejerza su poder, o lo ponga en su lugar de vez en cuando, le hace sentir que ella no necesita estar con él. Ella puede ser independiente. Así que en vez de sentir que pierde su libertad, siente que gana una mujer fuerte.

PRINCIPIO DE ATRACCIÓN # 20

Él debe sentir que quieres estar con él, no que necesitas estar con él. Sólo así te va a sentir como una compañera a su nivel.

La relación es una fuerza contributiva, más que una obligación con la que tiene que cargar.

También por esto es importante darle su espacio. Te hace ver orgullosa y no desesperada. Te permite seguir siendo un reto de forma indefinida. ¿Por qué? Porque tú *escoges* estar con él. No *necesitas* estarlo. Como persona, te sientes completa con o sin él. Es lo más importante que le puedes transmitir: independencia y no dependencia. Esto le da la percepción de que eres *autónoma*.

3

LA TIENDA DE *Dulces*

Cómo aprovechar al máximo tus poderes femeninos y sexuales

"El sexo es como un pequeño negocio,
tienes que cuidarlo."

—MAE WEST

Un dulce a la vez

Si te fijas en la típica entrevista sobre lo que los hombres encuentran atractivo en las mujeres, vas a encontrar las básicas respuestas aburridas y predecibles: "Los estudios nos dicen que lo que los hombres buscan es... apariencia, química y se fijan en cómo se comporta la mujer". ¡Descubrieron el hilo negro!

Y después das vuelta a la página. "Compra un nuevo brillo de labios... depílate la ceja y después dibuja su forma... inyecta tres ampolletas de colágeno en tus labios cubiertos con brillo..." ¿Y esto hará que él caiga rendido a tus pies, verdad? Claro que no. Vas a estar en el mismo lugar donde empezaste pero sin cejas.

¿Alguna vez te has preguntado por qué ves que un hombre guapísimo se casa con una chica muy normal? Para ti ella se ve bastante sencilla, pero ante los ojos de él es una "belleza natural". No le importa si su momento más glamoroso fue cuando ganó el concurso *Señorita sembrado de calabazas* a los seis años, en una granja. Cuando se la lleva a la cama, está más contento que una rata gorda en una fábrica de queso.

En general, hay dos cosas que una mujer hace para animar a un hombre a enamorarse locamente de ella cuando ya logró atraerlo. La primera, enciende su imaginación, sexualmente. La segunda, espera un poco antes de consumar la relación, sexualmente. Esto nos conduce a la teoría de "la tienda de dulces": *No compartas la tienda de dulces completa. Ve dándole los dulces de uno en uno.*

PRINCIPIO DE ATRACCIÓN # 21

Si un hombre tiene que esperar para acostarse con una mujer, no sólo la verá más hermosa, también tendrá tiempo de apreciar quién es ella.

Lo que los hombres no quieren que sepan las mujeres es que, casi de inmediato, las colocan en una de estas dos categorías: "para pasar un buen rato" o "vale la pena". Y desde el momento que quedas dentro de la categoría "para pasar un buen rato" es casi imposible que salgas de ella.

No se trata de que la cabrona sea más "fácil" o más conservadora; sino de que pide que la traten como si "valiera la pena". Y, con frecuencia, esto significa que va revelando su sexualidad poco a poco.

Con esta conducta, la cabrona va "conduciendo ese tren" de una forma sutil; porque él la percibe como un poco distante y sabe que muchos otros hombres tampoco podrían acercársele. De hecho, ni siquiera está seguro de que *él* podrá tenerla. Así que casi nunca se va a poder dar el lujo de asumir que ella es compañía "para pasar un buen rato".

Es más fácil que la mujer tapete sea vista como un pelele sexual porque es más fácil que se acueste con un hombre por las razones incorrectas; además de hacerlo demasiado pronto. No tiene nada que ver con que parezca conservadora. Ya sea que se vista con faldas largas, use colita de caballo y esté asistiendo a una clase de doblado de servilletas o que use ropa sexy y parezca la típica chica alocada, el resultado puede ser el mismo. En cualquiera de estas situaciones, si se acuesta con un hombre porque *siente que tiene que hacerlo para atraerlo*, él lo va a percibir y va a perder el respeto por ella.

Un hombre llamado Brad describió esta distinción: "Hay dos clases de sexy. La mujer que es muy obvia *intentando* ser sexy. Y la mujer que *no está intentando* ser sexy; sólo lo es. La mayoría de los hombres encuentran a la segunda mucho más sexy. Tal vez no parezca así, porque la mujer que se *esfuerza* hará que vuelvas a voltear a verla porque es mucho más obvia. Pero la mujer que no lo está intentando es más sexy. Y esa es la mujer que vas a tomar en serio".

Lo que es aún más interesante es que Brad acaba de terminar la carrera. Y si un hombre de veintitantos lo ve de esa forma tan clara, te puedo asegurar que también lo harán la mayoría de los hombres que conozcas.

El siguiente cuadro muestra cómo un hombre puede hacer estas observaciones rápidamente, sin necesidad de tener mucha información. Fíjate cómo los dos tipos de mujeres exudan erotismo, pero una parece necesitada y la otra no.

MUJER "PARA PASAR UN BUEN RATO"	VS. MUJER QUE "VALE LA PENA"
Habla mucho sobre sexo en la primera cita o en la primera conversación telefónica.	Coquetea de una forma más sutil y utiliza el lenguaje corporal para transmitir su sensualidad.
Lleva ropa muy corta, escotada, enseñando las piernas y la espalda. Su sexualidad está exagerada. Sigue el ejemplo de lo que ve.	Muestra uno de sus atributos, o viste algo que es delicadamente transparente. Su sexualidad parece ser parte de lo que ella es. No se ve forzada.
Vive elogiándolo o colgada de él.	Lo mantiene interesado elogiándolo cuando él espera tener sexo, y así, él siente que está "dentro del juego".
En la tercera cita se pone un camisón de encaje negro que no deja nada a la imaginación.	Cuelga el mismo camisón detrás de la puerta de su baño, para que él lo vea cuando entre. Y entonces sus ojos casi perforan la ropa al imaginarse cómo se verá con eso puesto.
Lo invita a su casa en la segunda cita. Él le prometió que "sólo se iban a abrazar". Terminan durmiendo juntos; pero ella no está segura. Él ya se quedó con toda la tienda de dulces.	Se besan apasionadamente en la puerta. A ella le encantaría invitarlo a pasar, pero controla sus impulsos y se despide ahí mismo.
La chispa se apaga.	La chispa no se apaga... se enciende.

¿Cuánto debes esperar para tener sexo? Lo más que puedas. Por lo menos, mantén una relación platónica durante el primer mes. Esta táctica te permite saber cómo es él. No sería bueno que te enteraras de que está casado después que ya te acostaste con él. O que tiene una ex novia que siempre tiene problemas con el coche y necesita que la lleve. O que su prima hermana lo acaba de dejar porque la engañó con su hermana mayor.

Darle un dulce a la vez no significa ser célibe o virginal. Se trata de que estés buscando al número uno. Te aseguras de que el hombre desarrolle el hábito de esforzarse para tratarte en la forma que *quieres que te trate*.

No tener sexo de inmediato es jugar bien tus cartas para que cada pequeña cosa tenga importancia.

Así logras que sienta escalofríos en la columna cuando le das la mano en un lugar público. O que te llame muchas veces sólo para saber cómo estás. Y en su mente, vas a ser la cosa más hermosa que ha visto. Se trata de tener esa *chispa mágica*. Y los hombres viven por esa chispa.

PRINCIPIO DE ATRACCIÓN # 22

El sexo y la "chispa" no son lo mismo.

Una dulce victoria

Si un hombre siente que debe ganarte –sexualmente con su hombría, ingenio o encanto– te va a valorar más. Los hombres son posesivos. Les gusta saber que no es fácil que otro hombre consiga lo que están buscando. Él es como el Capitán Kirk y Cristóbal Colón en uno, le gusta explorar un territorio que no esté demasiado pisoteado por otros hombres antes que él. Y va a juzgar si eres de las que "lo da" sólo por una cosa: por lo pronto que se lo des a él.

Es verdad que de repente entre dos personas que no son promiscuas surge un romance fulminante, y acaba funcionando; pero ésta es la excepción, no la regla.

Una de mis mejores amigas, Brittany, es farmacéutica y es una mujer muy bella y "valiosa" con muchas cosas a su favor. Casi siempre, se acuesta con un hombre en las primeras dos citas.

Recientemente, se acostó con un hombre que le gustaba mucho. En cuanto el sexo acabó, él se veía pensativo. Después la miró y le preguntó: "¿Haces esto con todos los hombres que conoces?". Ella recuerda cómo se sintió: "¡Me sentí insultada!"

Si tienes sexo de inmediato con un hombre, en poco tiempo él se dirá a sí mismo: "¡No pudo resistirse a mi encanto!". Pero después comenzará a rascarse la cabeza y a preguntarse a cuántos *otros* hombres no habrás podido resistirte.

PRINCIPIO DE ATRACCIÓN # 23

Antes del sexo, el hombre no está pensando con claridad y la mujer sí. Después del sexo es al revés; el hombre está pensando con claridad y la mujer no.

Cuando hay sexo a la velocidad de la luz, el hombre ya logró lo que quería. La razón por la que piensa con más claridad tras el sexo es que queda liberado y ya logró su objetivo. Mientras tanto, la mujer apenas está empezando a perseguir su meta. Su trabajo no ha terminado. Entonces empieza a cazarlo… y él huye.

Te guste o no, al principio, sutilmente, estás negociando los términos de la relación. Y si cierras el trato demasiado pronto, entregas todo tu poder de negociación. La cabrona se toma su tiempo para decidir si ese hombre es alguien con quien le gustaría cerrar el trato. Y no se conforma con ser sólo una parada en el camino o un hoyo de cinturón.

Al principio, él quiere acostarse contigo. No le importa cómo te ganas la vida.

No le importa qué coche tienes. No le importa si te gusta tomar un café con sustituto de azúcar y leche desgrasada y una dona por las mañanas. Así que tú debes convertir eso en algo diferente.

Cuando lo haces esperar, empieza a darse cuenta de que tú eres "diferente". Y entonces empieza a importarle si te gusta el café con leche desgrasada o sin crema.

PRINCIPIO DE ATRACCIÓN # 24

Todo hombre quiere sexo desde el principio; si quiere una novia es algo que piensa después. Al no darle lo que él quiere de inmediato, te conviertes en su novia sin que se dé cuenta.

A los hombres les *gusta* ese juego que las mujeres consideran exasperante. Imagínate la siguiente escena: el típico macho norteamericano está viendo un juego del Súper Tazón cuyo marcador es 47 a 3. ¿Eso no es muy emocionante, verdad? Pero si está viendo un juego del Súper Tazón que se va a tiempo extra se puede pasar tres horas sentado en el borde de la silla. Su equipo triunfa y él empieza a gritar: "¡Sí! ¡Sí!". Su ídolo deportivo favorito en la TV está dándole nalgadas a todos sus compañeros mientras él empieza a sacar las bebidas para celebrar.

Diez años después, si le preguntaras sobre la jugada final que le dio la victoria al equipo, te la describiría como si hubiera sido el día anterior. Lo mismo pasa cuando una mujer se entrega poco a poco. Él se emociona mucho más así.

Esto te puede sonar a "la vieja escuela", pero te aseguro que es un consejo basado en *innumerables* entrevistas que hice a muchos hombres, tanto jóvenes como mayores. Un ejemplo perfecto es Nathan. Acaba de cumplir veinticinco años, y le va bastante bien con las chicas. Esto es lo que me dijo, palabra por palabra:

> *Si se entrega demasiado pronto, ya no nos hace falta el romance y dejamos de buscarlo. Y la verdad es que nos gusta trabajar duro para obtenerlo. Nos gusta el juego, y si se termina demasiado pronto, nos desilusionamos. Hasta luchamos internamente, de modo subconsciente. Sabemos que lo queremos, pero sabemos que queremos que la chica nos haga esperar. De otra manera, se convierte en algo de una o dos veces. Y después sigues con tu vida.*

Desde luego que hay hombres que no quieren hacer el esfuerzo. Estos son los hombres que siguen la regla de "las tres citas". Esta regla dice que si una mujer no cede en tres citas, él debe dejar de perseguirla.

Hay hombres que en verdad quieren encontrar una mujer con la que puedan pasar tiempo. Sin embargo, la regla de "las tres citas" es para hombres que descartaron totalmente esta opción; sólo quieren anotar y escapar. Si un hombre se va porque no te sedujo en la tercera cita, te da una señal clara de que se hubiera ido igual en cuanto consiguiera lo que quería.

Es probable que la chica buena se sienta obligada, presionada o manipulada para acostarse con un hombre desde el principio. Se acuesta con él y después cree que lo va a enganchar con sexo formidable, como si lo que tuviera para ofrecer sexualmente fuera "de medalla de oro". La cabrona entiende que el sexo sólo se vuelve "de medalla de oro" cuando él no lo obtiene desde un principio.

Que no te confunda el hecho de que los hombres lo quieren rápido y que están acostumbrados a obtenerlo con facilidad.

Si se les diera la opción, a la mayoría de los hombres les gustaría saber cuánto costaría –en moneda contante y sonante– llevar a una mujer a la cama. Es casi como si existiera una transacción *tácita* entre el hombre y la chica buena, en la que se lleva a cabo un intercambio: "Vamos a ver, estoy dispuesto a gastar el equivalente a dos cenas, un ramo de flores y una película, y el gran total es de 2,500 pesos. Y ni un peso más".

Presupuesta lo que puede gastar y quiere saber cuánto le va a costar.

La *cabrona es más lista.* Sabe que si él no la está persiguiendo, va a perseguir a otra. Así que sin importar cuál sea su presupuesto, si es mucho o poco, se asegura de que lo gaste en ella y en nadie más. En su mente, ella es la mejor inversión que él puede hacer.

A la cabrona no le importa la regla de las "tres citas". Ella deja que el hombre se vaya y no hace ningún tipo de intercambio. Él va acabar casado con una mujer que no juegue bajo sus reglas; ella juega bajo las suyas propias. Como no le importa que las palabras *hasta la vista* salgan de su boca, él siente que no se va a salir con la suya si trata de faltarle al respeto.

PRINCIPIO DE ATRACCIÓN # 25

Un hombre siente de forma intuitiva si la sexualidad sale de la seguridad o de una necesidad. Sabe cuando una mujer tiene sexo para apaciguarlo.

A diferencia de la chica buena, la cabrona cree que tiene mucho más para ofrecer que *sólo* su sexualidad. Así que tiene sexo cuando siente que lo quiere, y sólo si se siente cómoda con la relación. Es lo suficientemente sexy, que es precisamente por lo que *no* lo regala como si fuera lo único que tiene.

Esto no cambia después de que consuman la relación; él sigue sin poder predecir cuándo podrá hacerle el amor. No sabe si será el martes o el viernes. O el sábado o el domingo. Así que el misterio y la cacería no desaparecen, y él nunca va a sentir que ya la conquistó completamente. Esto se debe a que ella se acuesta con él bajo *sus condiciones*.

Cuando el sexo aparece desde muy temprano porque la chica buena está desesperada por agarrarse de un hombre, la conducta de él cambia por completo. Las cenas, las velas, las flores, todo llega a un chirriante alto. En lugar de sacarla a cenar y a ver una película, llega sin anunciarse llevando un video porque ya sabe qué es lo que va a pasar.

Sin embargo, cuando una mujer lo hace esperar y él sigue siendo romántico, las cenas y las flores siguen llegando. ¿Por qué? Porque él ya se formó el *hábito* de tratarla con respeto antes de obtener lo que quería.

PRINCIPIO DE ATRACCIÓN # 26

Es más fácil formar hábitos malos que buenos, porque los buenos hábitos requieren un esfuerzo consciente. La espera fomenta este esfuerzo.

Un hombre de calidad va a estar ahí siempre y cuando se sienta reafirmado en dos áreas: quiere saber que tú lo deseas sexualmente y quiere ver señales de que sigue estando "dentro del juego". Mientras pueda ver la luz al final del túnel, continuará caminando por él.

Sin embargo, no hace falta mucho para que reciba un mensaje confuso o para que sienta que le están tomando el pelo. Por lo tanto, la siguiente sección te va a ayudar con el delicado acto de equilibrio que necesitas realizar para que no sienta que te estás *burlando* de él.

Plan de entrega de dulces

Mientras estés haciendo un esfuerzo concertado para mantener la relación fuera del dormitorio, recuerda que su objetivo va a ser diferente del tuyo. Tú quieres mantener los pies en el piso; él los quiere en el aire.

No es muy útil que de verdad te guste ese hombre y que estés *tan excitada* como él. Darle un mensaje confuso puede ser fácil, porque él va a estar emocionado y va a intentar seducirte. Y va a estar buscando cualquier señal con la que crea que tu semáforo está en verde. Así que es importante que tus señales sean muy claras:

- El rojo significa que no.
- El verde significa que sí.
- El ámbar significa que te estás burlando, lo que lo va a hacer enojar.

Por ejemplo, puede ser que tu blusa salga disparada, o que haya cierta cantidad de acción mientras se están besando en el sofá. Unos minutos después, él va a pensar que ya estás lista para el show.

Ese no es el momento de decir: "No, todavía no estoy lista". Decirle eso sería como quitarle un caramelo a un niño después de que ya dejaste que lo probara.

No puedes estimularlo hasta el punto sin retorno y después decirle: "No. Es que no estoy segura de querer". Lo harás pensar: "¿Cómo no vas a estar segura si estás sin blusa, llevamos una hora acariciándonos y tus pantalones están desabotonados?"

PRINCIPIO DE ATRACCIÓN # 27

Si desconectas la clavija sexual en el último minuto, él te va a etiquetar como provocadora.

De aquí sale el término *caliente y molesto*. Cuando ya no esté caliente, estará "molesto". Ya no va a tener tantas ganas de jugar el juego porque tú le habrás quitado toda la diversión. Ya no va a pensar que estás jugando limpio, y sus sentimientos van a cambiar del deseo al *resentimiento*. Si cree que le estás tomando el pelo, es probable que deje de perseguirte.

Piénsalo. No puedes mostrarle un pedazo de carne a un perro durante una hora y después lanzarle un tronco de apio. Si quieres que un hombre te respete, tienes que jugar limpio.

Las siguientes pautas te van a permitir retrasar el momento de tener sexo con él sin que te vea como a una provocadora:

- Al principio, trata de no estar a solas con él en tu departamento o en el suyo, especialmente si ya es tarde por la noche.
- Realicen actividades sociales donde estén en un lugar público. O haz que te recoja para ir a algún sitio.
- Hagan cosas divertidas durante el día. Si van a montar en bicicleta, será señal de semáforo en rojo. Pero si están envueltos en una manta frente a una chimenea con una botella de vino a la medianoche, él va a asumir que el semáforo está en verde.

- Dale besos sexys y sensuales. Pero hazlo mientras estén fuera, donde no sea muy probable que duren mucho. No lo excites si están solos, mientras están dando vueltas por el piso, una cama o un sillón.
- Las primeras veces que salgan, él podrá intentar entrar a tu casa, después de una cita. Si crees que va a intentar algo y tú todavía no estás lista, aborta la misión en la puerta. Si vives en un departamento, despídete en el portal. "Muchas gracias, me divertí mucho."
- Sonríe mucho, ríete de sus chistes y sé una buena compañía. Quieres que te vea como una amiga *además de* como una amante. Una buena señal es que parlotee acerca de él mismo, especialmente si está un poco nervioso. Si le gustas, querrá abrirse contigo.
- Coquetea con moderación. Cuidado con las bromas sobre sexo pues realmente nunca son bromas. Muchas veces los hombres utilizan el humor para examinar los parámetros. No seas mojigata; puedes reírte de los chistes y ser juguetona. Pero no permanezcan con el tema del sexo durante demasiado tiempo, o él pensará que es un semáforo en verde.
- Hazle cumplidos. Déjale saber que es alguien deseable. Por ejemplo, acércate y huele su colonia cuando te abrace. O dile lo bien que se ve. Esta es una manera sutil de confirmarle que estás esperando por razones que no tienen nada que ver con que él sea deseable.
- Muéstrale que eres afectuosa. Tómense de las manos o recarga tu cabeza en su hombro para hacerlo sentir varonil. Acaricia su pierna suavemente cuando estén en el cine. Pero no juegues con él; quiero decir que te mantengas cerca de la *rodilla*. No te acerques a las áreas privadas o él verá el semáforo en verde.
- Intenta no besuquearlo demasiado en el coche, cuando te vaya a dejar a casa, o él querrá llegar a más.

Ni siquiera el tipo que lleva un BMW nuevo y que te hace limpiarte los pies antes de sentarte en los asientos de piel vacilaría en tener algo de "acción" en su coche. Más que nada, para eso lo compró.

- Si ya es tarde por la noche, no le digas: "Está bien, pasa... sólo un minuto". No le pidas que entre a conocer a tu gato Cushy. No le ofrezcas un café. No le ofrezcas té. No le muestres la remodelación de tu departamento. No existe el "sólo un minuto" después de medianoche.
- No dejes que se dé cuenta de que lo estás posponiendo, aunque eso sea lo que estás haciendo. Nunca le digas que lo vas a tener esperando un mes por lo menos. No le indiques que la situación "se va entibiando" e intenta no darle un pronóstico del tiempo de tres días prediciendo que pronto estarás lista. *No propicies la oportunidad para que suceda algo si no estás lista para permitir que pase.*
- No le creas cuando él te diga: "Sólo vamos a acariciarnos". Aunque lo conozcas desde hace mucho tiempo y sea un perfecto caballero con un extraordinario dominio de sí mismo, el objetivo es no jugar con él.
- Sé afectuosa en público. Por lo general, esto es bastante seguro, porque no puede llegar a mayores.

Un ejemplo perfecto de un mensaje sexual confuso le pasó a mi amiga Pam. El invierno pasado invitó a un chico a pasar a su casa después de una cita, porque hacía demasiado frío en su coche. Hizo chocolate caliente y se puso una piyama cómoda de franela. Empezaron a besarse. Ella supuso que la piyama de franela era tan conservadora que él no la vería como una invitación para tener sexo. Se sorprendió al descubrir que él tenía mucho más que chocolate caliente en el pensamiento.

La ropa que se usa en el dormitorio es *ropa de d-o-r-m-i-t-o-r-i-o* para un hombre. Usar ropa cómoda con la que acostumbras dormir (aunque sean unos bóxers horrorosos o unas pantuflas de franela) serán vistas como un semáforo en verde.

Aunque él te presione sutilmente, si de verdad le gustas, una parte de él, muy en su interior, querrá que lo hagas esperar. Él quiere creer que tú eres “diferente”. Quiere que pienses que es limpio, simpático y guapo. Quiere que te rías de sus chistes y que creas que es gracioso. También quiere una diosa. Quiere… a la Mujer Maravilla.

¿Y cómo puedes crear esta impresión? Es simple. Deja que te persiga y no cedas con demasiada facilidad. A esto agrégale un par de botas modernas y te vas a convertir en la Mujer Maravilla de sus sueños.

Ese dulce lugar

Cuando un hombre y una mujer se convierten en amantes, sigue habiendo conductas que diferencian a una mujer tapete de una chica de ensueño.

Uno de los errores más grandes que la chica buena comete es competir con otras mujeres. Puede preguntarle a él sobre otras mujeres que hayan entrado a su dormitorio: “¿Es bonita?”.

O tal vez esté compitiendo con cualquier fantasía que crea que él pueda tener: una modelo, una chica de un póster de revista, una nudista o una estrella porno.

PRINCIPIO DE ATRACCIÓN # 28

Si él te hace sentir insegura, deja que tu inseguridad te guíe.

Muchas veces se dice que una mujer no llega a su plenitud sexual sino hasta los treinta años. Hay muchas mujeres que hasta esa edad no superan su inseguridad o la sensación de que tienen que competir con otras mujeres. El sexo mejora porque ya puede decirle a él lo que le gusta. Es más segura. Es más asertiva. Puede soltarse porque ya no está tan consciente de sí misma.

Muchas mujeres sienten la presión de cumplir con un ideal. O sienten que tienen que lograr un desempeño excepcional dentro del dormitorio. He escuchado a algunos hombres criticar a ciertas mujeres diciendo: "Mientras más fuerte grite, mejor".

Si echamos un vistazo a lo mucho que se ha extendido la pornografía podemos darnos cuenta de lo poco realistas que se han vuelto los estándares. Hasta las películas porno utilizan "efectos de voz" fingidos. Esto significa que la chica que está gritando: "¡Sí!, ¡sí!, ¡dámelo, sí", muchas veces es una mujer de 200 kilos, totalmente vestida, sentada en un banco en el estudio de grabación y gritando en un micrófono.

La cabrona no suele definirse por estándares externos. Pero con frecuencia, las mujeres que son *demasiado* buenas están *demasiado* ocupadas intentando estar a la altura. Cuando una mujer está *demasiado* preocupada por su desempeño en la cama, se olvida completamente de para qué está en ella. Eso no es sexo; es tiempo de "animación".

Cómo fingir un orgasmo.
Guía animada

- Arquea la espalda en un ángulo de 45 grados y jadea como perro.
- Recita un par de líneas malas de una película regular para adolescentes. Por ejemplo: Dile a papito que lo hace mejor que nadie.
- Y los básicos: "¡Sí, sí, sí... más fuerte... más fuerte... no pares!" Y después debes pegarle a la almohada más cercana.
- Mézclalos. Esto quiere decir que algunas veces primero le pegues a la almohada y luego grites, otras veces primero grita y después le pegas a la almohada. A los hombres les encanta la variedad.
- No te olvides de chuparte el dedo.
- Y como parte del espectáculo: Pregúntale de quién es "eso", ¡y dile que es suyo!
- Si cambia de posición, se detiene para descansar o toma un sorbo de agua, no le pongas atención y sigue gritando.
- Ahora, para el supuesto orgasmo: grita como un espíritu, e inicia con los ejercicios de Kegel. Aprieta... suelta... aprieta... suelta.
- Y después del sexo, no te olvides de las conversaciones de alcoba. Ya habías estado con dos hombres antes de él. (Está bien, tres, máximo. Pero esa es tu oferta final.)

ADVERTENCIA: Si tu hombre lee esta página, podría causarle un efecto adverso (disfunción eréctil).

Es más difícil que una cabrona haga un espectáculo "de caricatura". Ella es mucho más honesta. Pide lo que quiere. Si él no lo hace bien, ella no lo va a alentar dándole una retroalimentación falsa. Si lo hace, él no va a aprender a complacerla, y eso no va a funcionar porque a la cabrona le importa su propio placer.

No recomiendo que las mujeres finjan orgasmos. Esta pequeña lección es una sátira sobre la presión que sienten las mujeres para cumplir. Si un hombre te hace sentir como si estuvieras sobre un escenario compitiendo en un concurso, no te acuestes con él.

Para un hombre es mucho más excitante que una mujer pueda ser ella misma y que sea honesta sobre lo que le gusta y lo que le disgusta. A los hombres les encanta ver cómo una mujer despega; es un excitante automático. Y eso es mucho más importante que lograr una representación digna de un premio.

PRINCIPIO DE ATRACCIÓN # 29

Un hombre de calidad fantasea con una mujer que realmente disfrute el sexo.

La mitad de lo que tienes que hacer para complacerlo es excitarte tú, no fingir que lo estás. Es verdad que hay que alimentar el ego de un hombre, pero eso lo logra *tu* satisfacción. El mismo principio que resulta cierto fuera de la habitación es cierto dentro de ella. La cabrona puede satisfacerlo mejor porque está más preocupada por satisfacerse ella misma. Sabe a ciencia cierta lo que le gusta a ella en cada momento. Y esto alimenta su ego como nada más puede hacerlo.

La chica buena también comete el error de ser falsa en otros aspectos. Por ejemplo, supón que se acuesta con él en la segunda cita y él le pregunta cuántos amantes ha tenido. Ella suele contestar con la peor frase hecha que conozco: "Sólo he tenido tres amantes".

La cabrona no deja que eso pase. No se acuesta con un tipo desde el principio y luego intenta pasar por una doncella virginal: "Sólo tuve tres amantes... el primero me lastimó... el segundo no era tan bueno como tú... el tercero lo tenía muy pequeño y no duraba mucho en acción... y el cuarto... ay, perdón... no hubo un cuarto. Bueno, sí. Sí hubo un cuarto. Pero no llegamos hasta el final, así que ese no cuenta... el quinto tampoco importa porque estaba borracha...".

Si le dices que tuviste tres amantes y tu edad ya pasa de la de un feto, va a saber que le estás contando una mentira. Demuéstrale con tus acciones que eres una mujer con clase haciéndolo esperar. Y si él quiere fisgonear o quiere saber algo sobre tu vida privada dile: "Lo más probable es que yo no haya tenido tantos hombres como tú mujeres". Si te pones a la defensiva, como si tuvieras algo que esconder, lo vas a hacer pensar mal.

¿Qué hacer cuando él alardea sobre sus conquistas anteriores? Lo peor que puedes hacer es escucharlo, porque te va a dar una versión con detalles añadidos y podrías llegar a creer que algo de eso es cierto.

La cabrona es la mujer que voltea a ver su reloj en un esfuerzo por darle una pista cuando él saca a relucir a otra mujer. Ella sabe que lo que tiene para ofrecer es más que suficiente; tómalo o déjalo. Y si él no ha cambiado el tema para cuando ella acabó de darle cuerda a su reloj, entonces ella lo cambia: "Cariño, yo no soy uno de tus amigos. Por favor no me cuentes nada sobre otras mujeres con las que hayas estado".

PRINCIPIO DE ATRACCIÓN # 30

Cada vez que una mujer compite con otra, se rebaja.

Recuerda, tanto en el dormitorio como fuera de él, los hombres están acostumbrados a mujeres inseguras, lo que es una buena razón para ser diferente. Necesitas exudar una actitud de confianza y de que no te preocupa saber si estás a nivel, o si otra mujer te lo podría robar.

Si surge el tema de otra mujer, suelta la siguiente frase, casualmente, durante una conversación: "Si cualquier mujer me puede robar un hombre, que se lo quede porque a mí ya no me serviría". Después sonríe, toma un trago de vino y cambia el tema. "¿Has visto alguna película buena últimamente?"

Si no confías en él, ya no lo vuelvas a ver. Pero hasta que te dé una razón para no confiar en él, compórtate como si le tuvieras confianza. Te hará ver tan segura contigo misma como si con tus acciones le estuvieras diciendo: "¡Claro que quieres estar conmigo!".

Un hombre de calidad quiere sentir que confían en él porque lo hace sentir que crees en su persona. Hasta que te dé una razón para dejar de confiar en él, confía en él. Si se está enamorando de ti, no va a hacer falta que te diga que quiere estar exclusivamente contigo, lo vas a saber de forma automática. Él te va a llamar todos los días insistiendo en que salgas sólo con él; porque no va a querer que nadie más se acerque a su chica de ensueño.

PRINCIPIO DE ATRACCIÓN # 31

Cuando es innegable que hay "chispa" sólo hay una llave para el candado.

4

Tonta

COMO UN ZORRO

Cómo convencerlo de que tiene el control mientras tú manejas los hilos

"Yo creo que la frase *sexo débil* la acuñó una mujer para desarmar al hombre al que se estaba preparando para *arrollar*."

—OGDEN NASH

El zorro tonto maneja su ego con guantes de seda

En el capítulo anterior tocamos el tema de por qué el poder es intoxicante para los hombres en la misma forma que el romance es intoxicante para las mujeres. Y ahora… veamos esto más de cerca.

Para poder motivar a un hombre a dar, él debe sentirse bien cuando da. Quiere sentirse apreciado y reverenciado. El ego es la razón por la que los hombres van a la guerra. Es la razón por la que construyen grandes corporaciones. El ego es la razón por la que se clavan agujas en el trasero en el gimnasio antes de levantar pesas. Es la razón por la que suplican, roban y piden prestado. Y el ego es la razón por la que se enamoran.

La explicación puede sonarte obvia, pero no lo es: un hombre debe sentir su "virilidad". Por eso no se detiene a preguntar por una dirección. No importa si tú le dices que seis salidas antes tenía que haber ido hacia el oeste. Va a seguir pisando el acelerador y va a continuar en la dirección incorrecta. Los hombres no se pierden. Ellos sólo…

- "Se familiarizan con otra área".
- "Cambian de destino".

- "Están viendo lo que hay al final de otra calle".
- "Exploran un nuevo terreno".

Él nunca se va a perder. No, el Inspector Gadget sólo "está revisando el sitio" en cada centímetro en un radio de 60 kilómetros fuera de su destino.

Si quieres que gire a la derecha, dile: "Creo que debe ser a la izquierda". En la mente de un hombre, su técnica de navegación siempre será superior a la de una mujer. Todo se basa en su ego, el cual no tiene dirección ni línea de rotación.

¿Cuáles son las dos palabras que garantizan excitar a cualquier hombre? "Tienes razón". Nunca lo vas a poder convencer de lo contrario, así que ni siquiera te molestes en intentarlo.

PRINCIPIO DE ATRACCIÓN # 32

Déjalo creer que tiene el control. Automáticamente empezará a hacer cosas que tú quieres que haga porque siempre querrá verse como un "rey" ante tus ojos.

Déjalo tener la *razón*. Tú usa la *inteligencia*. Esta es la razón precisa de por qué el zorro tonto deja que un hombre crea que tiene el control. Cuando recurres a su sentido del poder, "cargas sus pilas". Así le estás dando lo que necesita; y él *ni siquiera lo sabe*.

Un par de veces a la semana, cuando él se siente amable o generoso, déjale saber que él es el líder de la manada. Hazlo sentir que es el perro alfa y todo un sabio. Él lleva los pantalones y es el hombre. Mientras tanto, ¿adivina quién se sale con la suya?

Mi amiga Annette lo aprendió de la forma difícil. Cometió el error de decirle a su nuevo novio cómo había matado una serpiente en el patio trasero de su casa. Él le preguntó: "¿Cómo pudiste matarla?". Ella le contó con todo detalle que utilizó una pala grande para "la batalla". Su cara se fue transformando en una máscara de horror mientras ella le contaba escena por escena de la "masacre" brutal.

Más tarde esa misma noche, él no pudo lograr tener una erección.

Una infracción "penil" obvia: cuando empiezas a comportarte como Tarzán, él empieza a sentirse como Jane. Ni siquiera se te ocurra matar un insecto si él está cerca. No cambies la llanta. Es más, ni siquiera cambies un foco. (Ni Dios lo quiera.)

Para cualquier macho de sangre roja, el asunto es sentir que es el "hombre". Esto no quiere decir que tengas que ser dócil todo el tiempo. Recuerda que al mismo tiempo que le muestras que ofreces un "desafío mental", debes alimentar su ego. Hay una gran diferencia entre alimentar su ego y parecer *necesitada*. No debes dejarle ver que necesitas "ayuda" con:

- Cosas de sentido común.
- Los problemas de la vida diaria.
- Tu estabilidad emocional.
- Que te reafirme tu valía.
- Tu autoestima.
- Sentirte una persona completa.

Estas cosas significan *necesidad*. Sin embargo, *puedes* mostrarle que necesitas y aprecias su *masculinidad*. Lo tendrás comiendo de tu mano si siente que te gusta su "virilidad" o que admiras su… fuerza muscular.

PRINCIPIO DE ATRACCIÓN # 33
Cuando alimentas su ego con suavidad, él no intentará obtener el poder con agresividad.

Los elogios son un arma efectiva para hacer que te trate como tú quieres. No te quejes diciendo: "Antes me traías flores". Desde este momento en adelante, cada ramo que te traiga será "el más bonito que has visto". No te quejes de que no salen lo suficiente. En vez de eso, a cada restaurante donde te lleve va a ser "increíble" o "maravilloso".

Cuando te pregunte si ya fuiste a cierto restaurante, no le cuentes sobre tus dos ex novios que te llevaron a la misma mesa en esa romántica esquina en la que ahora están sentados (a menos que no quieras regresar a ese restaurante nunca más).

Si le das a un hombre la impresión de querer ser la que "lleva los pantalones", casi siempre vas a lograr empezar una batalla, en cuyo caso, felicidades, te habrás convertido en su oponente. Si él compite, juega a ganar a tus expensas, y te deseo buena suerte para conseguir algo de esa forma.

PRINCIPIO DE ATRACCIÓN # 34

Si pareces suave y femenina, atraes su instinto de *protección*. Si pareces agresiva, atraes su instinto de *competencia*.

Los hombres necesitan algo de entrenamiento, y la forma de entrenarlos es elogiarlos cuando se portan bien. ¿Cuál es la palabra favorita de un hombre? "Mejor". No importa si le dices: "Cariño, eres el mejor comiendo nueces; nunca había visto a alguien comer nueces mejor que tú". Usa la palabra *mejor*, y siempre tendrás su atención completa.

Hazte amiga de su ego. Por ejemplo, supón que viven juntos y que él quiere ayudarte a decorar. En algún momento va a tener que "expresar" su virilidad colgando algo en la pared. (Algo que no combine con nada más.) Cuando saque tan contento esos colmillos de elefante, la espada africana o el póster del Súper Tazón de 1986 al que él llama "arte", mantente seria y haz como que eres sincera: "¡Sí, cariño, el rifle del siglo dieciocho del abuelo es espectacular!". Y de inmediato háblale de lo mucho que "necesitas su ayuda" para decorar el garaje o el sótano.

¿Quieres que te ayude en la casa? Sólo hazlo sentirse necesario (es decir, poderoso). Dale pequeñas tareas. No importa si le pides que programe la videocasetera o que te ayude a colgar una fotografía en la pared: cuando esté utilizando el ruidoso taladro eléctrico, se sentirá Rambo. Cuando el cuadro quede torcido, y así va a ser, pretende que quedó perfecto. Sólo espera hasta que salga del cuarto y ponlo derecho.

Cuando te entregue el cheque de su sueldo, agradécele por trabajar tanto "en beneficio de toda la familia". Otra vez, espera a que salga de la habitación y después revisa el recibo para asegurarte de que le pagaron todas las horas extras.

Recuerda, cuando él se esté portando como un hombre y te esté tratando bien, haz un pequeño "homenaje" a su ego. Debes hacerlo sentir como Conan el Bárbaro un par de veces por semana.

Cuando haga algo útil en la casa, como colocar una repisa, elógialo. No importa si la repisa tiene 45 grados de inclinación y las cosas se caen por el otro extremo. Aplaude como si fueras la foca más contenta del zoológico, y después llama a un técnico para que la arregle cuando él no esté. En el momento que digas "está torcido" acabas con todo. Nunca más va a volver a hacer algo útil en la casa.

Lo vas a hacer sentir peor que a un niño que regañaron en la clase de manualidades.

Los hombres tienen grandes egos y necesitan que se los alimenten. Esto es lo que hace el "zorro tonto". En las pequeñas cosas, lo hace sentir que es el King Kong de su mundo. Aquí tienes unos cuantos consejos más del zorro tonto para hacerlo sentir como un "semental".

- Si sales a pasear al perro por la noche, pídele que te acompañe para "sentirte segura".
- Si mata un pequeño insecto, voltea hacia otro lado. Y no vuelvas a voltear hasta que te diga que ya "todo está bien".
- Si escuchas un ruido por la noche (como un pájaro en el tejado) dile que vaya a revisar "qué es ese ruido".
- Cuando revise la fuente del ruido, dile que te gusta tenerlo en la casa o el departamento porque te hace sentir "mucho más segura".

- Pídele que abra un frasco que no puedes abrir (aunque sí puedas) o que te desabroche el vestido (aunque tú puedas). O pídele que cargue una pequeña caja.
- En una película de terror, abrázalo fuerte. Si hay violencia, tápate los ojos y espera a que te diga que ya acabó la escena.
- Si hace frío en la calle, métete dentro de su abrigo y cuélgate de él para mantenerte caliente.
- Deja que mueva un mueble (aunque sea uno que puedas mover tú). Cuando lo haga con facilidad, dile que era muy pesado. "¡Eres tan fuerte! No sé cómo lo pudiste cargar".
- Deja que estacione tu coche o que lo saque de un lugar estrecho. Si le dices que "maneja mucho mejor" que tú, lo tendrás comiendo de tu mano. Lo más probable es que te lave el coche o que te llene el tanque de gasolina.

Manejar su ego con guantes de seda es como aprender el abecedario. No hay ninguna madre que critique el dibujo en crayón que su hijo trajo del jardín de niños, por feo que éste sea. Nunca va a decir: "¿Qué es? ¿Un perro o un gato? Mira niño, mejor sigue trabajando". En vez de eso, le dice: "¡Es una obra de arte!". El niño piensa que es un Picasso y hace diez dibujos más.

Es importante elogiarlo. Cuando te lleve a cenar, dile *gracias* una vez durante la cena, y otra cuando te despidas de él. La chica buena suele cometer el error de decir *gracias* una y otra vez. Y después, vuelve a llamar al día siguiente y vuelve a decirle *gracias* tres veces en la contestadora. Como si nadie la hubiera invitado a cenar nunca antes.

Al principio, sin lugar a dudas, deja que él pague la cena. Después de que lleven cierto tiempo saliendo juntos, puedes corresponderle. Pero no pagues la mitad de la cuenta o lo que tú consumiste, él no es un colega profesional al que llevabas tiempo sin ver.

Cuando un hombre está totalmente enamorado de una mujer, no se preocupa por pedir cuentas separadas. No le va a decir: "Oye, tú comiste la ensalada de pavo y yo comí carne. Te toca pagar...". Si la adora, no se va a preocupar por nimiedades. Lo único que a él le va a importar es cómo ganársela.

Si él no tiene mucho dinero, sugiérele ir a un lugar económico, o alguna actividad que no cueste dinero. Visiten un museo. Vayan a dar un paseo en bicicleta. Compartan un plato y no pidan alcohol. Sin embargo, si en las primeras citas te pide que dividan la cuenta, no vuelvas a salir con él.

No se trata de unos cuantos pesos, sino del hecho de que a él no le importe impresionarte. Esa nunca es una buena señal.

PRINCIPIO DE ATRACCIÓN # 35

Él permite que una mujer que se convierte en su "tapete" pague la cena en las primeras citas, pero ni siquiera se le ocurriría con su chica de ensueño.

Esta conversación surgió en mi programa de radio. Llamó una mujer preguntando si debería permitir que el hombre pague, y yo le contesté: "Al principio, *sí*". Tanto mi invitado de sexo masculino como mi ingeniero de sonido, hombre también, saltaron diciendo: "Pero eso no es justo". Y después me dieron una lección de ortografía: "Justo. Se escribe j-u-s-t-o". Puedo entender su punto de vista. Pero tampoco es justo que nos paguen sesenta centavos por cada peso que ellos ganan, que tengamos que usar molestos brasieres y tacones y que seamos nosotras las que llevemos a los hijos dentro y tengamos que pasar por el parto. Así que déjalo ser un hombre. Un *caballero.*

Lo importante es que cuando pague, al final de la cena le hagas saber *que aprecias el gesto*. Y que elogies su gusto en la comida, el vino, o el restaurante. Pero si no fueron buenos, no comentes nada.

El zorro tonto sabe que mientras menos critique, mejor. Y por esto no se queja, manipula.

Por ejemplo, cuando él deja su ropa tirada cerca de la cama antes de acostarse... no te preocupes. Probablemente se levante en la mañana y la recoja. Y después se la vuelva a poner.

¿Sobre los calcetines y calzoncillos tirados por toda tu casa?

La culpa es tuya, por comprar un cesto con tapa. (Demasiado complicado.) Compra un cesto sin tapa y colócalo en alguna esquina estratégica. Felicidades. Acabas de construir tu propia cesta de básquetbol. Cada vez que logre encestar sus calzoncillos, dale dos puntos.

¿Tú eres la que siempre cambia el rollo de papel de baño? ¿Él siempre tiene el rollo completo y tú te quedas con el último pedacito, además de que la mitad suele estar pegada al rollo de cartulina? Eso no es nada que no se pueda arreglar.

Un domingo por la mañana, entrará al baño con la sección deportiva del periódico. No se dará cuenta de que no hay papel de baño hasta veinte minutos después porque va a estar concentrado en las estadísticas del juego de fútbol del sábado. Cuando termine de leer, te va a llamar: "¿Cariño? ¡Cariño! ¡¿No me oyes?!". (Silencio absoluto.)

Esta es tu señal para salir a tirar la basura de la cocina. Después de todo, está brillando el sol, las flores están abriendo y los pajaritos cantando. (Pregunta: ¿Cuánto tiempo va a tardar en darse cuenta de que hay más papel de baño bajo el lavabo?)

Si él no ayuda en la casa, el zorro tonto no se queja diciéndole: "No sabes lo que vale todo lo que hago en la casa". En lugar de quejarse, busca quien le ayude en la casa. ¿Ves qué fácil? Ella no sólo "sabe lo que vale su trabajo", sino que le paga a *alguien más* para que lo haga.

Aquí tienes otro ejemplo de cómo puede manipular el zorro tonto: una amiga mía llamada Sharon estaba exhausta de tener que limpiar para su marido y sus hijos. Quería contratar a alguien que viniera a ayudarla una vez a la semana; pero su marido no quería pagar 500 pesos cada semana, aunque podía pagarlo. Él insistía en contratarla "sólo una vez al mes".

Sharon jugó al zorro tonto y aceptó contratar ayuda una vez a la semana, más o menos. Una vez al mes le pagaba con cheque a la muchacha, y cada una de las otras tres semanas pagaba con un cheque en la tienda y le daba a ella los 500 pesos que le quedaban en efectivo. Esto no sólo evitaba discusiones semanales, sino que también él regresaba a una casa muy limpia todas las semanas.

El Credo del Zorro Tonto que te pongo aquí, te deja navegar suavemente y no da pie a conflictos:

- Acepta todo.
- No des explicaciones.
- Y después haz lo que te convenga. Tu vida será mucho más fácil.

Por ejemplo, el zorro tonto es tan inteligente que se evita penas insistiendo en baños separados. Primero que nada, el concepto de toallas para invitados o toallas decorativas es totalmente desconocido para un hombre. Para él, una toalla es una toalla, lo que significa que una toalla de baño es una toalla de playa o una toalla para lavar un coche o una toalla para cambiar el aceite. Tú creerías que él "no usará" la bonita del moño rosa, pero no tienes tanta suerte. Saluda a tu nuevo trapo para limpiar el piso.

De vez en cuando te podrás encontrar a un hombre muy limpio; pero por lo general compartir baño con un hombre será miseria pura. Diez minutos después de que hayas limpiado el lavabo y el espejo con limpiavidrios, va a entrar y a rociar agua por todas partes. Es como compartir baño con tu propia morsa adoptada. Todavía no se han juntado los científicos y los zoólogos para estudiar por qué los hombres "rocían". Así que, hasta que lo averigüen, insiste en tener un baño propio.

El zorro tonto también divide con mucha inteligencia y mucha justicia el espacio personal de su casa. Le deja al hombre el 20 por ciento del clóset, pero "todo el garaje" o el sótano es para él. Él también controla la podadora de césped, los coches, la parrilla y las herramientas. Recuerda: los hombres son muy territoriales, así que también deberás designar el patio como su dominio en el "hábitat". Te será muy útil cuando estés acaparando el baño.

En Japón tienen un lema muy interesante: un águila lista no muestra sus garras. Las mujeres estadounidenses ven a las japonesas como sumisas porque hacen reverencias a los hombres y porque caminan tras ellos por las calles. Sin embargo, los japoneses llevan el cheque de su sueldo a la casa y se lo dan a sus esposas. *En el hogar japonés, la esposa controla la cartera y decide cómo se gasta el dinero.*

Acabamos de descubrir el motivo *real* por el que la mujer japonesa camina detrás de su marido por la calle: son sus bolsillos profundos y pesados los que hacen que se retrase. La pobre apenas y puede mantener el paso.

Además de tener la "razón", un hombre necesita que sea "su idea". Así que recuerda, *siempre* es su idea. Aunque *no* lo sea, convéncelo de que sí.

Cuando estén con un grupo de amigos y él se atribuya el mérito de algo que tú ideaste, no te enojes. Él necesita demostrar que es el jefe. No lo corrijas ni trates nunca de "delatarlo" delante de sus amigos mutuos, porque se va a sentir castrado. Es como si mamá regañara a su hijito delante de sus amigos del colegio. Él necesita "salvar la cara" en público.

Si es absolutamente necesario, espera hasta que estén solos para decirle lo que te molestó.

PRINCIPIO DE ATRACCIÓN # 36

La posición simbólica de poder es de cara al público, pero la posición de poder real sólo se muestra en privado. Y ésta es la única que importa.

Toca el tema en privado, nunca frente a otras personas. Si no es algo importante, deja que se lleve el crédito. ¿A quién le importa? El zorro tonto es más inteligente. Nunca comienza una pelea por algo trivial, en especial si sabe desde antes que no va a obtener nada si gana. El zorro tonto es fuerte de una forma más recatada. Permanece en su territorio, pero no es castrante. Aplica la "Ciencia de la Conformidad". Parece que cede parte de su poder, pero gana influencia en el proceso.

Para todos los propósitos "reforzadores del ego", ayúdalo a verse como un hombre frente a otras personas. Deja que abra las puertas y que se dirija al capitán en un restaurante. "Johnson, cuatro personas". Esta es la posición simbólica de poder que no tiene importancia.

Cuando estás dirigiendo el espectáculo, no necesitas revelar tus verdaderas intenciones ni hacer ostentación de poder. Si te está tratando como a su chica de ensueño, tienes todo el poder que necesitas. Recuerda, el poder femenino es igual de fuerte. Es justicia poética: los hombres controlan el mundo, pero las mujeres controlan a los hombres.

Alice, una atractiva mujer madura que lleva casada muchos años, me dio el siguiente consejo: "Cuando quiero hacer algo, convenzo a mi marido de que fue idea suya. Le digo: "Cariño, ¿a cuál restaurante te gustaría ir?".

Él va a pagar, así que siempre hago que crea que él está escogiendo. ¿Y cuando acabamos de comer? Le digo: "Tuviste una gran idea".

La mayoría de los hombres saben que las cosas románticas excitan a las mujeres, pero las mujeres no entienden que si hacen que un hombre se sienta poderoso, logran el mismo efecto. Los derrite como mantequilla. Es una buena forma de ganar influencia en la relación.

Los hombres hacen lo mismo. Saben que nos gustan las rosas. No les importaría no volver a ver una rosa en su vida. Las rosas les importan tanto como las plantas de su oficina o una hierba que esté creciendo en una grieta en la acera.

La mayoría de las mujeres no se negarían a una petición razonable hecha por un hombre que les acaba de comprar un ramo de rosas maravilloso. Apelar a su ego tendrá el mismo efecto. Él querrá seguir siendo un rey ante tus ojos, y querrá complacerte. Los hombres trabajan toda su vida sólo para tener una mujer que los adore y les diga: "¡Eres maravilloso!", y: "¡Te admiro!". Son capaces de escalar una montaña sólo para sentirse admirados por la mujer que aman.

PRINCIPIO DE ATRACCIÓN # 37

Si lo haces sentirse poderoso, querrá protegerte y darte el mundo.

Una vez que estés a cargo de la relación, le estarás dando lo que necesita (poder) y él *ni siquiera lo sabrá.*

Funciona hasta con los hombres más inteligentes. Esto es lo que dijo Albert Einstein sobre su esposa, en su aniversario de bodas número cincuenta:

> *Cuando nos casamos, hicimos un pacto, y fue el siguiente: decidimos que durante nuestra vida juntos yo tomaría todas las decisiones importantes y mi esposa tomaría todas las pequeñas. Durante cincuenta años hemos respetado ese acuerdo. Yo creo que esa es la razón del éxito de nuestro matrimonio. Sin embargo, lo raro es que en cincuenta años no ha habido ninguna decisión importante.*

El zorro tonto no tiene que obedecer a su hombre como en: "Prometo amarte, respetarte y *obedecerte* hasta que la muerte nos separe". Ella tiene su propia interpretación de lo que promete. Ella "promete amar, respetar y *parecer estar de acuerdo de vez en cuando*".

Esta no es una lección sobre cómo renunciar al poder o volverse más dócil. Es una lección sobre cómo ganar poder atrayendo a un hombre y haciendo que canalice sus energías *hacia ti*. En lo relacionado a las emociones, los hombres necesitan un poco de ayuda, porque no siempre conocen lo que los motiva. Tienes que hacerle creer que él está a cargo; y entonces estará mucho más armonizado con tus necesidades y se esforzará mucho más por complacerte. Eso lo mantiene estimulado e interesado. Entonces querrá darte las riendas; y en ese punto, habrás logrado todo el poder que necesitas.

El zorro tonto es un negociador inteligente

Ahora que las mujeres ya están establecidas dentro de la fuerza laboral, los hombres no sienten que los *necesiten* tanto. Aunque ellos siguen trabajando muy duro, no se sienten apreciados como "el hombre de la casa" tanto como antes.

Como dijo Erica Jong: "Cuidado con el hombre que elogia la liberación femenina. Está a punto de renunciar a su trabajo".

Las mujeres que tienen éxito en otras áreas de la vida suelen ser las que dicen: "No debería tener que pedir perdón por ser fuerte". Y la semana siguiente se preguntan "por qué no pueden encontrar un buen hombre". Porque un buen hombre quiere una buena m-u-j-e-r. Ser una cabrona no significa perder la feminidad. Y tampoco significa que trates de llevar los pantalones en la casa a toda costa. Sólo significa que no permites que nadie quiera rebajarte.

La clásica supermujer quiere una relación en la que el hombre y la mujer sean "iguales". Esta es una teoría agradable, pero en la práctica se convierte muy rápido en una relación unilateral.

PRINCIPIO DE ATRACCIÓN # 38

Cuando una mujer actúa como si fuera capaz de resolver todo, se queda atrapada haciendo todo.

Por esta razón, ten cuidado con la forma en que estableces el tono al principio. Nunca empieces algo que no quieras continuar. Si no quieres cocinar todos los días, no empieces cocinando todos los días. Si no quieres ser tú quien vaya a la tienda siempre, no sientes el precedente de ir siempre. Deja que él lo haga también.

Al principio, los hombres están deseando causar una buena impresión, y es cuando suelen estar más serviciales. Y es aquí, precisamente, cuando querrás ayudarlo a formar buenos hábitos. Más adelante, cuando esté acostumbrado a que le hagan todo, va a ser difícil lograr que cambie.

Por ejemplo, puede ser que después de unas cuantas citas estés bajo el marco de la puerta de tu casa, dándole un beso de despedida. Es un momento de contemplación. Las estrellas brillan, la luz de la luna es impresionante, y ustedes dos están buscando una estrella fugaz. Él ni siquiera se da cuenta de que está al lado del basurero.

Si un hombre te invita a comer o a cenar, deja que lo haga. Si te pregunta si quieres que lleve comida preparada, dile que sí. Si te pregunta si necesitas algo de la tienda, dile que compre un sorbete del sabor que más te guste. No se trata de que él gaste treinta pesos. Lo hace feliz poder satisfacer tus necesidades, y además siente que él está "conduciendo el tren"; aunque en realidad tú seas quien lo hace.

La lección más difícil de aprender para la chica buena es cómo recibir. Deja que te dé, pues parte de su hombría se basa en sentirse "responsable".

El zorro tonto no cede su poder, sólo crea la apariencia de que lo está haciendo. Y esto le ayuda mucho a posicionar su poder porque obtiene lo que quiere.

Aquí hay un ejemplo clásico. Una mujer que conozco, llamada Michelle, me contó sobre un hombre con el que está saliendo. En la segunda cita, él le preguntó si iría a su departamento. La puso en apuros, pero ella encontró una salida de zorro tonto. Ignoró su petición y muy dulcemente le preguntó: "¿Te gustaría que nos viéramos otra noche? Si no puedes hoy, no hay problema".

Michelle desvió la pregunta completamente. No actuó molesta ni le dijo qué hacer. Sólo le ofreció un par de alternativas, una de las cuales fue que ella no pensaba participar.

Después dejó que él escogiera.

La belleza de esto es que el zorro tonto es complaciente, discreto y siempre amable, así que él cree que tiene el control (pero no es cierto). Aunque el zorro tonto aparenta ser olvidadizo, está muy alerta. Esto no tiene ninguna diferencia con una negociación comercial exitosa:

1. Ella no le deja ver lo que está pensando.
2. Está preparada para alejarse, si los términos no le convienen.

El zorro tonto hace las dos cosas, sin palabras. Negocia con su buena voluntad (o la falta de ella) para participar. Si la oferta le suena bien, ella dice: "Me encantaría". Si la oferta no le suena bien, contesta: "Me encantaría, pero estoy exhausta". Responde favorablemente cuando él se comporta como un caballero y se retira de una forma sutil si sus modales no son los adecuados.

PRINCIPIO DE ATRACCIÓN # 39
Los hombres no responden a las palabras. Responden a la falta de contacto.

Ser tonta como un zorro puede aminorar una situación en la que él esté siendo un poco irrespetuoso. Por ejemplo, vamos a decir que es la primera cita y están en un restaurante esperando a que les asignen una mesa, y él pone su mano en la parte baja de tu espalda – muy, muy baja – digamos que un poco más abajo y de manera que sabrá si prefieres usar corte francés o tanga. Sólo hazte tonta, hazte a un lado como si fuera por casualidad, y dile: "Ay, perdón".

Otro ejemplo que le sucedió a mi amiga Talía. Estaban cenando y el mesero trajo la cuenta. Su acompañante le hizo una broma a éste, diciéndole que le diera la cuenta a ella y después la volteó a ver para ver su reacción. Ella inclinó la cabeza hacia un lado y lo miró confundida como sugiriendo que nunca había escuchado nada parecido. Y después empezó a parpadear como si hubiera estado alucinando.

PRINCIPIO DE ATRACCIÓN # 40

Hablar demasiado sobre la "relación" le quita el elemento de lo "desconocido" y, por lo tanto, el misterio.

El zorro tonto no da explicaciones. La chica buena, por otra parte, comete el error de tener las emociones a flor de piel casi todo el tiempo. Como dijo un hombre llamado Paul: "Las mujeres hablan demasiado. Si está molesta, no deja de insistir en el tema. Prefiero subirme a un cuadrilátero de boxeo y pelear contra el señor Tyson durante seis *rounds*, que escuchar a una mujer repitiendo lo mismo una y otra vez".

Piensa en la última vez que un hombre te dijo todo lo que pensaba. Al principio parece que se están "uniendo". Pero esa novedad dura poco tiempo. Los hombres quieren unión –claro, *debajo* de la cintura.

Las llamadas de dos horas que tanto amas son un gran error. Al principio le gustan porque sabe que estás interesada en él. Pero después de eso, las *odia*. No dejes que las conversaciones telefónicas se vuelvan demasiado largas. No dejes que te llegue a ver como una *obligación* tediosa. Mantén las llamadas cortas y dulces; y nunca se cansará de llamarte.

Cuando no estás necesitada, no tienes que revisar la relación escena por escena. Cuando estás segura de ti misma, él *no siente que tiene el control completo sobre ti*. Y si no tiene el control completo, lo tienes comiendo de tu mano.

Elimina las siguientes palabras de tu vocabulario: *Tenemos que hablar*. Mi amiga Jeanette compartió conmigo sus observaciones sobre los hombres: "Con ellos, tienes que disimular: aliméntalo, tráele una cerveza, y después saca el tema de una forma casual. Salte por la tangente. Abandona y vuelve al tema; antes de que se dé cuenta de lo que pasó".

Cuando los hombres hablan entre ellos, uno dice lo que piensa y el otro le responde. Uno asiente. El otro gruñe. Uno intenta hacer algo y el otro le invita una cerveza. La mayor retroalimentación que recibe es un par de frases. ¿Parpadeaste? La unión ha comenzado.

PRINCIPIO DE ATRACCIÓN # 41

Los hombres respetan a una mujer que se comunica de manera concisa, porque éste es el idioma que los hombres usan para hablar entre ellos.

La mayoría de los hombres tienen un umbral de atención de aproximadamente dos minutos para los temas "sensibles". En cuanto pasa el segundo minuto, su mente empezará a divagar. Estará pensando: "Me está dando hambre. ¿Qué habrá para cenar?".

La cabrona se comunica de forma diferente a la chica buena. Ella dice las cosas como son, de una forma directa, y va al grano de manera concisa.

La chica buena tiene las emociones a flor de piel y habla demasiado. ¿Y qué escucha él? Nada. Sin embargo, nota que está necesitada, lo que eventualmente lo decepciona.

El zorro tonto es más misterioso

El zorro tonto sabe que la familiaridad lleva al desdén, así que no habla demasiado en las primeras citas. Deja que "se llene el vaso" sin apresurar las cosas.

Cuando acabas de conocer a un hombre, no trates de dar demasiado, hablando sólo tú. No hables constantemente porque estés nerviosa. Mantenerte tranquila y callada te va a hacer más atractiva, por no decir que te permitirá aumentar tu poder.

Una vez salí con un hombre que acababa de conocer. Él empezó a contarme todos los detalles sórdidos de su última relación. Yo no quería escucharlo, pero no lo critiqué ni hice que se sintiera "mal". Fui cortés y sólo le pregunté: "John, ¿tienes mucho trabajo en la oficina esta semana?".

El zorro tonto no pregunta: "¿Podemos cambiar de tema?". No pide permiso.

El zorro tonto no le habla sobre sus relaciones anteriores. Tú eres un "premio", y no tienes que reportar una larga lista de calamidades. Él no necesita saber que tu ex marido te robó los electrodomésticos, no te está pagando la pensión y tiene un hermano mafioso que está en la cárcel por chantaje. Si tiene clase, no se va a impresionar porque tu último novio "te sigue acosando y no puede dejarte en paz".

Si te pregunta sobre tus ex, dile: "Tomamos caminos separados". O esta otra opción: "Queríamos cosas muy diferentes".

El zorro tonto confía en una "vaga generalización" cuando pide información que no es de su incumbencia.

¿Cuánto *debes* revelar? No des ningún tipo de información negativa sobre tu persona. Él no necesita saber que te sientes insegura sobre tus cosas o que no has tenido una cita en 7.2 meses. Las mentes investigadoras *no* necesitan saber.

Los hombres asumen de forma automática que si estás interesada, harás cualquier cosa para "atraparlo". Él piensa de inmediato que tú vas a querer "exclusividad"; que vas a abrir tu baúl de la esperanza y vas a querer bebés. Es importante que lo hagas pensar que eres diferente: tú te sientes segura, relajada y feliz *con o sin él*. A esto se le conoce como la fórmula feliz-sin-preocupaciones, que se describe en el Principio de Atracción # 42.

PRINCIPIO DE ATRACCIÓN # 42

Si siempre estás FELIZ,
y él sabe que siempre puedes estar SIN él,
él siente que no tiene PREOCUPACIONES.

Si quieres hablar de tu sabor favorito de helado, hazlo. ¿Viajar a Belice? Sí. ¿Tus problemas en el trabajo o tu cita con el médico que trata la infertilidad? No.

Es perfectamente correcto dejar *sin contestar* algunas de las preguntas que él se hace sobre ti. De hecho, es aconsejable hacerlo. Cuando ya todo está dicho y hecho, una persona muestra quién es él o ella. Nadie va a venir a decírtelo. Por lo tanto, lo que una persona te demuestra con sus acciones es el *único* lenguaje que importa.

El zorro tonto es leal consigo mismo

El zorro es el animal más pequeño, y en el reino animal, el animal más pequeño es la presa. Por lo tanto, el zorro sabe que lo más adecuado es velar por sus propios intereses, especialmente al inicio de una relación. Por otra parte, la chica buena cree todo lo que le dicen porque le suena bien, lo que la deja expuesta a ser herida. El zorro sabe que, al principio, el hombre va a intentar "embellecer" sus intenciones; por lo tanto debe estar alerta.

LO QUE ÉL NO TE VA A DECIR	LO QUE ÉL TE VA A DECIR
"Quiero sexo y sólo sexo, sin ataduras de por medio".	"Estoy interesado en una relación a largo plazo".
"Dame sexo y pretenderé ser tu novio durante una semana".	"Confía en mí".
"Oye, ¿no te molesta que te rote con otras tres mujeres, como si fueras parte de un equipo de intercambio?".	"Tú eres diferente".
"¿Quieres ser el *sabor* del mes?".	"Estoy tan cansado del mundo de las citas".

Pregunta: ¿Qué hombre se liga a más mujeres: el que "embellece" sus intenciones, o el que habla con la verdad? El punto es que si está escondiendo algo, lo último que va a hacer es contarle a ella sus verdaderas intenciones. Así que es trabajo del zorro adivinar las cosas por sí misma.

La razón por la que el zorro tonto no revela lo que observa es que él va a mostrar sus verdaderas intenciones mucho más rápido si no se da cuenta de que lo están vigilando. Cuando un hombre habla sobre sí mismo o sobre sus relaciones pasadas, será para ayudarle a ella a "conocerlo".

El zorro, en vez de forzar largas sesiones de preguntas y respuestas, mantiene una conversación ligera. ¿Por qué? Porque las cosas más reales se dicen entre broma y broma. Él te va a decir durante una conversación casual todo lo que necesitas saber, por medio de bromas o comentarios repentinos aquí y allá. Si es un lobo disfrazado de oveja, será inevitable que se le vean los bigotes.

Cuando el zorro tonto siente que algo "no está bien" en el carácter de un hombre, *no* se lo dice. Sólo lo *piensa*. La única conversación que el zorro tonto tiene es entre sus dos orejas. Como dijo el presidente Lyndon B. Johnson: "Debes saber cuándo mantener la boca cerrada".

Cuando le dices algo a alguien que puede estar manipulando lo que ves, inmediatamente intentará hacerte cambiar de opinión. Él te va a decir: "Eso es inseguridad" o "me estás prejuzgando". ¿Lo estás prejuzgando? Espero que *sí*. El único error es dejar que él se dé cuenta.

El zorro tonto confía en sí mismo. Juzga a la gente según sus propias experiencias. Se cuida mejor y hace mejores elecciones porque deja pasar el tiempo y ve cómo se *comporta* el hombre. Confía en sus observaciones y confía en su instinto animal.

Ningún animal cazado te va a dar "el beneficio de la duda". El zorro siente el peligro y huye de él. Nunca te quedes cerca de una persona que te demostró que puede herirte. Si lo hace sin querer, es una cosa. Pero, ¿si te hiere a propósito? Fin del juego. Ya supiste todo lo que necesitabas.

Al principio, sal y diviértete… pero mantén tus cartas fuera de la vista. Y, más importante, tómate tu tiempo. Esto no sólo te volverá astuta como un zorro, también te ayudará a mantener tu independencia.

La chica buena pierde un mecanismo de protección importante cuando asume que la vida es justa, o que el Príncipe Azul siempre la va a proteger. Cuando una mujer se comporta como un zorro astuto, no se deja gobernar por sus deseos o por la esperanza de un resultado de fantasía, como La Cenicienta. A pesar de las apariencias, confía en sí misma para cuidarse las espaldas, en vez de dar a un hombre la responsabilidad de hacerlo por ella.

Esto es lo que todos los animales salvajes hacen para sobrevivir, para no acabar convertidos en "alimento". Por encima de todo, el zorro astuto entiende y se ciñe a la primera ley de la naturaleza: cada animal debe ver por sí mismo.

5

ATRAVESANDO LOS *Aros* COMO UN CACHORRO DE CIRCO

Cuando las mujeres se entregan y se convierten en necesitadas

"Jamás negociemos con miedo."

—JOHN F. KENNEDY

Una nueva escuela: ¿Quién es tu jefe?

Cuando una chica buena conoce a un hombre, es frecuente que haga concesiones de su vida que parecen insignificantes. Deja de hacer sus cosas de rutina. Deja de salir con sus amigos. Deja de asistir a su clase de yoga y de jugar tenis los fines de semana. Deja de tener tiempo para hacer lo que hacía cuando estaba "sola". Lo siguiente es lo que sí hace:

- Cancela su cita en el salón de belleza... para salir con *él*.
- Deja de ir al gimnasio después del trabajo... para poder *verlo*.
- Deja de pasar tiempo con sus amigos... para que *él* se sienta "especial".
- Cancela sus planes... porque tal vez *él* pudiera llamarla.
- No se concentra en la escuela... se pasa el tiempo revisando si recibió un mensaje de *él*.
- No se concentra en el trabajo... se la pasa revisando su correo electrónico para ver si hay algo de *él* en la bandeja de entrada.
- Deja su carrera... para fomentar la de *él* y apoyarlo.
- Deja de tener sueños diferentes a su relación... porque su único sueño es *él*.

La cabrona no deja de moverse a su propio ritmo. Esto por sí mismo le evita perder el equilibrio como la chica buena que abandona su rutina.

PRINCIPIO DE ATRACCIÓN # 43

Si permites que se interrumpa tu ritmo, creas un vacío. Después, para reemplazar lo que estás dejando, empezarás a esperar y a necesitar más de tu pareja.

Un ejemplo clásico es Theresa. Ella toma clases de salsa dos noches a la semana. Cuando conoció a su último novio, dejó de asistir a sus clases de baile porque a él no le gustaba bailar. También jugaba tenis, pero él no; así que también dejó ese pasatiempo.

¿Parece inofensivo, verdad? No lo es. Está dejando de hacer lo que le gusta. La razón por la que la chica buena deja a un lado estas actividades también habla de su confianza en sí misma. Muchas veces abandona algo porque teme que a él no le guste cómo es.

Además, esta reducción acumulativa de actividades llega a formar un cambio importante de quién es ella. En algún punto el hombre se decepciona porque se da cuenta, antes que ella, que perdió su independencia.

¿Qué pasa después de que pierde su independencia? Vamos a ver "el estado de la relación" de Theresa, la mujer que abandonó sus clases de baile y el tenis. Ella dijo: "Pasamos casi todas las noches juntos y esto se convirtió en una norma de inmediato. Él nunca me dijo que era 'mucho' para él. Sólo que no sonreía con frecuencia y parecía que ya no era feliz. Yo me iba volviendo más insegura e intentaba ser más cariñosa. Sólo quería que él volviera a ser como era al principio".

PRINCIPIO DE ATRACCIÓN # 44

La mayoría de las mujeres están hambrientas por recibir de un hombre algo que necesitan darse a sí mismas.

La chica buena cree que está abandonando algo para recibir otra cosa mejor a cambio. Cede el control sobre su propia vida. Cuando llega el momento de recibir lo que había esperado, termina decepcionada. Además de quedarse con las manos vacías, acaba agotada.

El hombre no suele darse cuenta de todo lo que abandona la chica buena. Él no hace el mismo tipo de sacrificios porque ella es la que ajusta su vida para estar con él. Después de que deja a un lado toda su vida, ella empieza a exigirle lo mismo a él. Quiere que deje de ver a su familia y amigos. Quiere que pase todo su tiempo libre con ella. Si él va al gimnasio, ella lo quiere acompañar.

Él no siente que la cabrona lo presione tanto, de manera que quiere estar más tiempo con ella, no menos, y la respeta por "tener una vida". Supón que una mujer le dice a un hombre que no puede salir con él esa noche porque tiene clase de cerámica.

Él se rasca la cabeza y piensa: ¿Prefiere ir a su clase de cerámica que estar conmigo? Esto no sólo lo atrae; lo sorprende.

PRINCIPIO DE ATRACCIÓN # 45

Una mujer se ve más segura ante los ojos de un hombre cuando él no puede alejarla de su vida propia, porque ella está satisfecha con esa vida.

Cuando amas la vida con él o sin él, es cuando él te va a aceptar y a valorar por quien tú eres.

¿QUIÉN ES TU JEFE?

LA CHICA BUENA	LA CABRONA
La chica buena menoscaba lo que antes le parecía valioso y lo que solía ser importante en su vida. Él es el jefe… de ella.	La cabrona aprecia sus prioridades, sus valores y sus preferencias. Siempre. Ella sigue siendo jefa… de sí misma.
La chica buena busca una señal que le indique que se está acercando "demasiado". Él es el jefe… de ella.	La cabrona actúa como su propia guía. No le da a él oportunidad de aburrirse. Ella sigue siendo jefa… de sí misma.
La chica buena siente lo feliz que es él, poniendo mucha atención a la forma en que él la aprueba. Él es el jefe… de ella.	La cabrona no se obsesiona por saber la opinión de él, o si él la aprueba. Ella sigue siendo jefa… de sí misma.

continúa

LA CHICA BUENA	LA CABRONA
Cuando él "está con ella", se siente bien; si él le hace un desaire, se siente mal. Él es el jefe… de ella.	La cabrona tiene más confianza, por lo tanto no le importa el humor de los demás. Mejor se va a jugar tenis. Ella sigue siendo jefa… de sí misma.
La chica buena ve sus propios intereses como "poca cosa" o secundarios. Él es el jefe… de ella.	La cabrona no ve sus intereses como si fueran poca cosa. Son *sus* cosas. Ella sigue siendo jefa… de sí misma.
La chica buena da mucho al principio, y después intenta negociar reciprocidad. Él es el jefe… de ella.	La cabrona *sólo* da cuando es recíproco. Ella sigue siendo jefa… de sí misma.

Cuando una relación empieza demasiado rápido, el hombre en algún momento va a retroceder para recuperar su necesidad de espacio, y la mujer sentirá que pierde el equilibrio. Es entonces cuando la chica buena parece necesitada, intentando "recuperar" su afecto. Es entonces cuando está saltando por los aros. Un hombre le pierde el respeto a una mujer que está buscando su aprobación, particularmente si está dando demasiado para obtenerla.

El hombre necesita "llevar ofrendas". Necesita estar bien parado. Debe asegurarse de que sus agujetas están amarradas, sus pantalones bien puestos y que tiene modales. Cuando abre la puerta del coche, cuando tiene cuidado en no decir malas palabras y cuando muestra sus mejores modales, manda una señal de que te tiene respeto. De esta forma, ella sigue siendo un poco cabrona para él porque lo hace comportarse correctamente; no se puede relajar sobre su conducta delante de ella.

PRINCIPIO DE ATRACCIÓN # 46

En el momento en que una mujer se esfuerza demasiado para lograr satisfacer los criterios de él, ya bajó el nivel de esa relación.

Mientras la mujer se mantenga en control de sí misma, él va a necesitarla. Cuando un hombre piensa en una mujer que se controla, automáticamente piensa en lo que podría gustarle y en formas de complacerla.

Es más fácil que las mujeres cancelen sus planes. Los hombres no suelen cancelar su "noche con los amigos". Los hombres no dejan su trabajo ni su sueño ni su comida. (La mayoría ni siquiera deja a sus madres.) De la misma forma, respetan a una mujer que defiende lo que es importante para ella.

¿Cuándo fue la última vez que oíste a un hombre llamar a su peluquero y decirle: "Sí, Sam… llamo para cancelar mi cita de las 2:15. Sally y yo necesitamos pasar más tiempo juntos". Eso nunca va a suceder. No importa si la noche anterior te colgaste del candelabro y tuvieron sexo maravilloso acompañado de gritos que espantaron a los gatos del callejón. A las 2:15, tu hombre le pertenece a Sam. Los hombres pueden hacer cambios de velocidad de romántico a práctico; también la cabrona sabe hacerlos. Habla con él en su mismo idioma.

Sin embargo, la chica buena está demasiado necesitada para soltarse. "Pero él me persiguió", dice la chica buena. Tal vez sea cierto, pero tú tienes el poder de decidir cuándo aparecerte; y así es como sigues siendo tu propia jefa.

Hasta en una carrera, el coche tiene que entrar a los *pits* para un cambio de llantas o no podrá seguir en la pista, ni podrá controlar su dirección y perderá la tracción. Los hombres no siempre piensan a largo plazo, así que si lo dejas controlar la velocidad, lo más probable es que haga que la relación se estrelle contra una pared. Como dice el adagio: "La vela que brilla con el doble de intensidad arde sólo la mitad del tiempo". Es por esto que tú tienes que ser la que imponga el paso y mantener tu propio ritmo. De otra forma, él te tendrá saltando los aros. Repito, no importa si él te quiere ver siempre. Aunque sea un tipo increíble y tú estés muy interesada, no le des todo tu tiempo.

Al principio, intenta verlo las dos terceras partes del tiempo que él pide. La tercera parte restante, tienes "otras cosas que hacer". No te quedes sentada en casa matando el tiempo esperando su próxima llamada. Recuerda que no se trata de "hacerte la difícil". Mantén la cordura. Fuérzate a seguir con la rutina que tenías antes de conocerlo. Cuando pierdes el ritmo, pierdes el equilibrio sicológico y te vuelves una mujer necesitada.

Mi antigua compañera de cuarto, Gale, era muy buena para esto. Apagaba el sonido del teléfono y no contestaba llamadas. Por la tarde, si se sentía cansada y no quería salir por la noche, cancelaba la cita. Se tomaba una copa de vino y se relajaba leyendo un libro o viendo algún programa de televisión. Siempre había un hombre de buena calidad persiguiendo a Gale.

Ser una cabrona no es exudar cierta clase de arrogancia. Al contrario de lo que los medios de comunicación nos quieren hacer creer, no importa lo "relajada", "informada" o "engreída" que parezcas. El poder es el control que tengas sobre ti misma. De hecho, cuando una mujer se esfuerza demasiado en parecer "engreída", por lo general no se está moviendo a su propio ritmo porque se está esforzando demasiado para convencerse de que es más fuerte de lo que en realidad es.

Como dijo Gregory Corso*: "Poder es estar de pie en una esquina sin esperar a nadie".

Cuando no estás esperando a nadie, es porque no *necesitas* a nadie. Cuando te acercas a los hombres con esto en la mente, cualquiera que se te acerque tendrá que estar a tu mismo nivel. Primero, tienes que dejar de necesitar su aprobación; sólo entonces tus necesidades quedarán satisfechas.

Por ejemplo, Lynn acaba de empezar a salir con un cirujano plástico llamado Kevin. No viven juntos, y una noche ella le preparó una cena. Él llamó a última hora para cancelar la cita porque había cambiado su guardia con la de otro cirujano. Lynn ya tenía cocinada una cena complicada. Él llamó media hora antes de la cita. Si la hubiera llamado más temprano, cuando acababa de cambiar su guardia, ella no habría trabajado incansablemente.

Aquí fue donde cometió el error de saltar por los aros. Se ofreció a cocinarle la misma cena la noche siguiente. Además, aceptó hacerla en casa de él. Lo que debería de haber hecho era "dar por finalizados" los planes de cocinarle nada. Debió haberle dicho: "Mmm, no sabes lo rico que estaba todo. Lástima que te lo perdiste".

Cuando un hombre le falta al respeto a una mujer y ella deja que lo haga, él empieza a ser irrespetuoso. Como era predecible, Lynn fue a casa de Kevin la noche siguiente; él no apreció el gesto, lo que hirió sus sentimientos. Dejaron de verse poco tiempo después.

La cabrona se da prioridad a ella misma y no se "derrite" por alguien más. Debido a esto, su *no* significa no, y su *sí*

*N. de la T. Gregory Corso: poeta beatnik estadounidense.

significa sí. El objetivo no es ser desagradable sino tener la habilidad de ser clara. Un hombre va a respetar a una mujer que es clara y directa sobre lo que necesita, y no vacila ni cambia de opinión.

Por ejemplo, si un hombre llega tarde a una cita, la cabrona se molesta por los inconvenientes que esto le causa. Estar molesta no es lo mismo que ponerse emotiva. Ella va a decir algo parecido a: "No me hagas perder el tiempo. Si vas a llegar tarde por favor avísame para que yo pueda hacer otros planes. Tengo mejores cosas que hacer que estar esperando".

Si él decide no respetarla la próxima vez, ella lo espera quince o veinte minutos y después se va sin él. Su tiempo y sus prioridades son importantes. Ella nunca cede.

Cuando estás en una situación de este tipo pregúntate lo siguiente: ¿Cómo se verán las cosas desde su punto ventajoso? ¿Qué mensaje le estoy dando con mis reacciones a su comportamiento?

Por lo tanto, tu verdadero poder está marcado por:

- Darte cuenta de cuál es tu ritmo y moverte así.
- Conocerte y saber lo que vas a aceptar o no.
- Tener la capacidad de tomar decisiones *sin* justificarte después, y sin que te hagan cambiar lo que sientes.
- Tener autocontrol, porque el poder *real* es el control que tienes sobre *ti misma*.

Cuando tienes control sobre ti misma, no necesitas ser emotiva todo el tiempo. Cuando tienes ese "sabor", tú eres la jefa... de ti misma. Irónicamente, en ese momento te conviertes en la jefa... de él.

De sentimental a insolente

Cada vez que una mujer es demasiado sentimental, se convierte en demasiado que entender para un hombre, en especial si apenas la conoce. La cabrona es más insolente, y es mucho más fácil de tratar para un hombre. Es más parecida al tono fuerte que los hombres usan para hablar entre ellos.

Un hombre me describió el ejemplo perfecto de cómo se asustan los hombres cuando hay demasiada charla emocional, especialmente al inicio de una relación. A él lo decepcionó que una mujer que acababa de conocer le mandara muchas tarjetas empalagosas.

Otro ejemplo de lo mismo, es un hombre al que una mujer que acababa de conocer no dejaba de leerle poemas. "Siempre parecían tan largos y tediosos; otros eran cortos pero aburridos. Y lo único que tenían en común es que todos eran un fiasco: 'Mi amor es para ti', o 'Mi corazón está lleno de amor y está presionando mi tórax'. Además, lloraba mientras me los leía, por lo que empecé a evitar sus llamadas."

Otro hombre me describió sus citas con una mujer con la que salió durante tres semanas. Él dijo: "Un hombre no necesita oír cada treinta segundos que la mujer lo ama. Esta mujer no hacía más que repetirlo. Era como salir con una cacatúa... ¡Te quiero... Te quiero... Te quiero... Te quiero... Te quiero!".

Los hombres también se dan cuenta de que estás demasiado ansiosa por tener una relación. ¿Tienes doce libros sobre los sentimientos y las relaciones sentimentales sobre tu mesa de centro? ¿Colocaste un anuncio en la sección de "contactos personales", además de que estás buscando una relación por internet? ¿Tienes la típica amiga insistente que está intentando venderte? Llegas a tu casa con él tras una cita, pulsas el botón de la contestadora y se escucha: "Oye, hay otro evento para solteros este domingo en el autolavado. Café gratis. Además, oí que va a asistir un grupo de divorciados. ¡Al que madruga, Dios lo ayuda!".

Ser insolente significa que no te vas a dejar tú misma fuera de combate. En el momento en que un hombre siente que estás esforzándote demasiado, el desafío termina. Una vez que entras accidentalmente en ese terreno, tendrás que volver a conquistarlo mostrándole que no vas a esperar. Que tienes una vida. Que tienes otras prioridades, algunas de las cuales están antes que él.

PRINCIPIO DE ATRACCIÓN # 47

Saltas por los aros cada vez que haces muy obvio que te estás dando "entera".

- No hables por teléfono con él durante horas antes de la primera cita. Sé juguetona, sé insolente. Ponte de acuerdo con él para verlo y termina la conversación.
- Al principio, no trates temas profundos. No utilices frases de tu terapia sicológica como *catártico*, *proceso*, *disparador*, *ser dueño de*, *el niño interior*. No seas melodramática y le digas que "quieres hacer un renacimiento de sus dos almas".
- Si crees en la astrología, no le digas que sólo podrán verse cuando Mercurio esté "girando" alrededor de la Luna, y esté "retrógrado" tres semanas alrededor de

Júpiter (con una rápida parada en Plutón para tomar café).

- No le digas que tuviste una "vida anterior", ni le describas en lo que te piensas convertir en la siguiente. Esto lo hará pensar que eres una chiflada.
- Al principio, evita verlo dos noches seguidas. Empieza viéndolo una noche o dos a la semana.
- No lloriquees ni hagas pucheros si él no te llama. Recuerda que de vez en cuando debes hacer que piense en lo que haces cuando no estás con él. Regular el tiempo lo mantiene deseoso y recarga sus pilas.
- Si te lleva a un buen restaurante, no pidas apio "con el aceite y el vinagre aparte", y después picotees de su plato como un colibrí. No estés tan nerviosa ni tan preocupada por impresionarlo con tus modales en la mesa. Ten apetito por disfrutar la vida.
- No le reveles durante la primera cita lo que estás "tratando de entender" de tu niñez.
- Tampoco intentes arreglar sus defectos. Conozco a una mujer que le compró a un hombre el libro *Tuesdays with Morrie* (Los martes con Morrie). Ella pensó que el libro lo ayudaría a superar su adicción al trabajo. Demasiado análisis sicológico se vuelve insolente.
- No lo acompañes cuando salga con sus amigos. No quieras convertirte en uno de "los muchachos".
- No pases por delante de su casa, despacio, con las luces del coche apagadas para ver si está ahí; ni tampoco pases a toda velocidad.
- Si te llama y te pide que vayas a su casa, tarde, cuando regrese de una salida con sus amigos, no salgas corriendo, encantada de la vida, juntando los tacones como Julie Andrews en *La novicia rebelde*.

- No salgas con un hombre que tenga ningún tipo de adicción, esperando "ayudarlo" si asistes a las reuniones de AA con él. Deja que resuelva sus problemas. Si no se puede tratar bien él mismo, nunca te va a tratar bien a ti.
- Nunca lo llames dos veces seguidas, ni siquiera si su contestadora se corta antes de que termines de dejarle el mensaje. No le dejes mensajes largos y empalagosos. Mantén los mensajes amistosos, pero cortos y dulces.
- No le mandes dos correos electrónicos seguidos ni le mandes correos sobre "sentimientos", "problemas", o "cosas que necesitas y no estás recibiendo". Si él te envía un correo electrónico, no le contestes treinta segundos después.
- No dejes de comer, dormir o hacer ejercicio. Mantén tu rutina. Si quiere pasar más tiempo contigo del que cómodamente puedes darle, invítalo a que te acompañe en alguna de tus actividades; como pasear al perro o dar un paseo en bicicleta el fin de semana.
- Evita las citas de última hora porque "lo extrañas".
- No llegues a tu casa, revises los mensajes, y lo llames en ese momento. Instálate, toma un baño, cena y relájate. Muévete a tu propio ritmo, y después lo llamas. Él tiene que entender que tienes una vida… *todos los días*.
- Si estás conversando con él por teléfono y recibes otra llamada, no le digas: "Espera un momento. ¡No cuelgues! ¡Ahora me deshago de quienquiera que sea!". Y cuando recuperes su llamada, no le digas de inmediato quién era la persona que llamaba: "Era el veterinario. A Tigre le duele la oreja".

- No seas tú la que siempre maneje cuarenta minutos hasta su casa porque él vive solo y tú vives con una amiga. Ve un mapa y fíjate en lo siguiente: hay la misma distancia de su casa a la tuya que de tu casa a la suya. Así que no te sientas culpable por hacerlo venir a verte.
- No le pidas afecto. No lo engatuses para recibir su afecto. No le des afecto si él no te corresponde. Si te está ignorando, no te esfuerces más: "Cariño, ¿quieres que te dé un masaje en la espalda?".
- No seas esclava del teléfono. No pongas a escuchar el mensaje a una amiga para desmenuzar cada detalle de tu situación. Ve la imagen completa. ¿Él añade algo a tu vida, y te hace sentir bien? (Si no es así, ni siquiera oigas el mensaje y presiona el botón "borrar".)
- No memorices su número de teléfono la primera semana que salgas con él ni lo llames y cuelgues. Él sabrá que eres tú.
- Si está de mal humor, dale una excusa y vete a hacer tus cosas.
- Sobre todo, esfuérzate en mantenerte enfocada en tu vida. De esta forma, él te seguirá viendo apetitosa.

PRINCIPIO DE ATRACCIÓN # 48

Debes evitar caer en arena movediza. A menos que te mantengas en control, la relación estará condenada.

Los puntos básicos de la Cabrona

Cuando una mujer se está esforzando demasiado, el hombre nota algo desde el primer mensaje telefónico que deja en su contestadora. Puede estar esforzándose demasiado por impresionarlo, puede estar esforzándose demasiado por atraerlo o puede estar esforzándose demasiado por ser sexy. Ya sea que esté demasiado necesitada o que se esté esforzando demasiado, va a provocar el mismo efecto. *La cabrona jamás se esfuerza demasiado por impresionarlo.*

Él marca su número telefónico y entra la contestadora. *¡Beep!* Después se escucha una voz velada, que suena como si ella estuviera medio dormida. "Hola. Estás llamando a casa de Susana. En este momento estoy un poco ocupada haciendo, bueno [risita]... Si fueras taaaan amable de dejarme un mensaje después del tono, intentaré con toda mi alma regresarte la llamada tan proooooonto como pueda. Aunque acabo de llegar de Portugal y todavía no he podido desempacar. Pero si tengo un momento libre, te llamo. Espera al tono... chao...ta, ta... besos... que tengas un buen día... y gracias por llamar." *¡Beep!*

Todo lo que ella necesita es un número gratuito y un alcahuete que la ayude.

Como los hombres suelen decir: "A los hombres les gusta que la mujer sea natural". Y esto no tiene nada que ver con su maquillaje o su tinte de cabello. Natural no significa que quieran una vegetariana que tome jugo de germen de trigo o una mujer que use brillo de labios orgánico. Natural significa que en el momento en que algo es excesivo se convierte en algo decepcionante, porque parece que la mujer *se está esforzando demasiado*; está saltando a través de los aros.

PRINCIPIO DE ATRACCIÓN # 49

Saltar a través de los aros suele tener un resultado negativo: él lo ve como una oportunidad para tener el pastel y, además, comérselo. Pero cuando permaneces justo fuera de su alcance, él te va a seguir mostrando sus mejores modales.

Vamos a ver cómo se desarrolló una relación en la que la mujer estuvo dispuesta a saltar por los aros. Esta es una escena clásica. Sarah compró un boleto de avión para ir a visitar a Mickey, un hombre al que había visto una sola vez, cuando él estuvo pasando un fin de semana en su ciudad. Se mantuvieron en contacto durante un mes por correo electrónico y por teléfono. Convencida de que él era "el hombre para ella", Sarah decidió que le gustaría volver a verlo.

El boleto le costó 4,000 pesos. Mickey accedió a pagarle el alojamiento, que fue de 400 pesos por una habitación en un motel. Cuando Sarah llegó, tuvieron sexo en el motel. Después él la llevó a una cafetería con los cupones que le dieron gratis por tener la habitación en el motel. Después volvieron a tener sexo, *mientras* él veía la Serie Mundial.

¿No te parece un momento para recordar? Sin estimulación previa. Sin velas. Sin música suave. Sin ducharse juntos. En lugar de eso, un ojo en el juego, y además escuchando el marcador. "Van tres a dos... y las bases llenas. *¡Striiike!*" Cualquier hombre, hasta uno que haya crecido en una cárcel, tiene la sensibilidad suficiente para saber que es de mala educación ver un juego mientras está haciendo el amor. Esto difícilmente podría llamarse "una escapada romántica" para dos. Después de dos días de romanticismo, ya no podían esperar más para "escaparse" del otro.

Ahora vamos a hacer una comparación financiera. Él tenía suficiente comida, suficiente sexo, y además pudo ver el juego (no estuvo mal por 400 pesos).

La cuenta de ella excedió los 4,000 pesos. Sin embargo, ella recibió dos bolsitas de cacahuates extra en el avión; cada una de ellas con 2.5 cacahuates, cinco cacahuates en total. Aunque los divida en mitades, no le cuadran las cuentas.

La cabrona nunca se hubiera puesto en esta situación. Ella le habría pedido a él que fuera a verla, y le hubiera sugerido un hotel ubicado en algún lugar conveniente.

Cuando la chica buena salta a través de los aros y cede en todo o da demasiado, lo hace porque tiene la fantasía de que él la va a "completar". Para mantener la flama ardiendo, muchas veces es mejor quedar justamente fuera del alcance de un hombre, pues esto le carga las pilas.

La chica buena no se toma un "respiro" pues en su fantasía él es "el hombre ideal" o "su alma gemela". Pero esta fantasía es una desventaja porque alimenta una visión miope de que él es el centro de su vida.

Otra razón por la cual las mujeres se apresuran a iniciar una relación es el *miedo*. Una mujer llamada Mary dijo: "No puedo decirle que no a mi novio. Por ejemplo, voy a su casa y espero en el coche hasta que él regresa de trabajar. Ceno tarde y me acuesto tarde aunque tenga que levantarme temprano. Al día siguiente estoy agotada".

Le pregunté a Mary por qué no le decía: "Hoy no, mi amor. En verdad necesito descansar". Ella me contestó: "Porque él hace un berrinche. Yo creo que muy dentro de mí, tengo miedo de que él se busque otra novia".

A la cabrona no la gobierna el miedo de perder a un hombre, porque sabe que el precio real a pagar sería perderse a *ella misma*. Casi de inmediato, las mujeres se entregan en las *cosas pequeñas*. Sin embargo, el efecto acumulativo de estas concesiones sutiles es lo que se suma para sentirse rebajada.

Aquí está el ciclo:

- Ella desarrolla la visión miope de que es absolutamente vital todo lo que él le da.
- Debido a esta fantasía, ella deja a un lado sus necesidades diarias.
- Cada vez se siente más vacía pero sigue esforzándose, y cree que él la hará sentirse plena otra vez.
- Él siente que ella está dispuesta a esforzarse, y da todavía menos.
- Ella se da cuenta de esto y se esfuerza más para saltar a través de los aros.
- El ciclo empeora, mientras ella está cada vez más vacía.

¿La solución? Acaba con las fantasías. Y si sientes que después de dar algo te vas a arrepentir, no lo des. Sólo da lo que te haga sentir confortable al darlo. Esto te permitirá estar bien plantada con los dos pies en la tierra.

¿Recuerdas cuando aprendiste la regla de oro en el jardín de niños? La teoría era buena, pero en el mundo real tendremos que modificarla un poco.

VAMOS A CAMBIAR...	POR...
"No le hagas a otros lo que no quieras que te hagan a ti".	"Haz algo por otros, después de que hayan demostrado que se lo merecen".
"El amor conquista todo".	"El amor la conquista, cuando ella lo da todo".

continúa

VAMOS A CAMBIAR...	POR...
"Es mejor dar que recibir".	"Es mejor dar *y* recibir".
"La caridad empieza por casa".	"En esta casa no hay casos de caridad".
"Todo lo que empieza bien, acaba bien".	".Todo está bien para aquellos que cubren bien sus espaldas".
"Ama a tu vecino".	"Primero ámate a ti misma, y tu vecino se sentirá más feliz viviendo junto a ti".

PRINCIPIO DE ATRACCIÓN # 50

La chica buena da demasiado de sí misma cuando complacerlo a él con frecuencia se convierte en algo más importante que complacerse a sí misma.

Muchas veces, en tu vida diaria, el Principio de Atracción # 50 va a ser muy sutil. Por ejemplo, una mujer puede tener muchas cosas que hacer entre su carrera y su vida privada, y está exhausta. Él la invita a salir: "¿Qué te parece el miércoles?". Ella le dice que el miércoles no porque el jueves tiene mucho trabajo. Así que él pregunta: "¿Qué tal el martes o el jueves?". Entonces ella acepta. Barre sus necesidades debajo del tapete, y lo que es peor, la que barre es *ella*. Sale con él y está molesta e irritable porque tiene demasiado trabajo y no ha podido descansar.

La cabrona no toma el camino más difícil; toma el más fácil. Cuán difícil es sugerir: "Preferiría salir el fin de semana". Es mejor para *todos* los involucrados. La cabrona es su propia guía.

Cathy estaba en su primera cita cuando se dio cuenta de que el hombre no la dejó ordenar lo que ella quería. Él le decía: "Tienes que probar esto…". Ella fue firme pero amable, y finalmente, él ordenó lo que ella quiso. Luego ordenó una botella de vino aunque ella le había dicho que "no quería beber porque iba a manejar", especialmente porque era una noche entre semana. Él le sirvió una copa e hicieron un brindis, y ella dejó de pelear. Brindaron y ella bebió un sorbo por no ser descortés, pero no bebió más. Su copa de vino quedó intacta.

Lo importante del ejemplo es que ella no le dio explicaciones. Sólo hizo lo que quiso. No le pidió permiso para satisfacer sus propios deseos, sólo los satisfizo.

Otra mujer que conozco me compartió una historia sobre un hombre con el que salió. Después de dos citas, él le pidió que lo llevara al aeropuerto a las 4 a.m. (sí, de la mañana).

En la segunda cita, él estaba haciendo arreglos mientras ella escuchaba. "Podrías levantarte a las 4 a.m., recogerme a las 5 a.m., llegar al aeropuerto a las 6 a.m., estar de regreso a las 7 a.m., ducharte y llegar al trabajo a las 8 a.m." (El maestro de ceremonias tenía planeado todo el acto del cachorro saltando por los aros.) Pero hubo una idea que nunca cruzó su mente: Él podía pagar 20 pesos de autobús, en vez de arrancarla de la cama a una hora tan ridícula. Ella, amablemente, le dijo: "Lo siento. Voy a estar ocupada". Y él le contestó: "¿Qué quieres decir con ocupada? ¿Ocupada con qué? ¿Durmiendo?". Ella sonrió, y dulcemente le dijo: "Sí".

Si él actúa como si saltar a través de los aros fuera lo más normal, no te dejes llevar por ello. Ignora lo que diga. Cuando él diga: "Soy un hombre religioso", no lo escuches. Sólo fíjate en sus acciones. Si te dijo que era religioso, pero está esperando muchos "compromisos profanos", deja que tus observaciones te guíen.

Otra forma en que la mujer salta a través de los aros es "organizarse" dependiendo de la llamada de un hombre. ¿Cuántas veces has llamado a una amiga para verse y ella tiene que esperar la llamada del tipo con el que está saliendo antes de darte una respuesta? Estas son siempre las mujeres a las que no tratan bien. Ella se queda vacía porque está dispuesta a esperar, sin hacer planes, hasta que descarta "más allá de una duda razonable" que lo va a ver. Después te regresa la llamada: "Está bien, vamos a vernos", pero para esto ya son las 10 de la noche.

Si no sabes nada de él en un tiempo razonable que sugiera que respeta tu tiempo, hay una solución sencilla: no le dediques tu tiempo.

Este es un ejemplo de una mujer que salta a través de los aros y, al mismo tiempo, desafía el estereotipo de que lo más atractivo para los hombres es la belleza y la juventud. Karla tenía diecinueve años y era tan bella que podría haber estado en la portada de cualquier revista para caballeros. Solía llorar en mi hombro porque su novio, Bart, le dijo que cuando salía con sus amigos volteaba a ver a las chicas de dieciséis años.

Ahora oigamos la versión de Bart: "Yo no estoy enamorado de ella de la misma forma que ella está enamorada de mí". Él me contó una historia de una ocasión en que ella le estaba lavando la ropa en su departamento: "Me estaba portando como un idiota. Y, ¿sabes lo que me dijo?: 'Después de que termine de lavar tu ropa, me voy a mi casa.' Lavó tres cargas más de ropa. Yo la habría respetado si me hubiera dicho: 'Vete a la...' Y se hubiera ido".

Un consejo: si vas a su casa entre semana, no te pongas a limpiar nada. La única ropa que tienes que lavar es la tuya. La única tina que tienes que tallar es la tuya. A la única persona que le tienes que recoger las cosas es a ti. Si su casa es un desastre, vayan a la tuya.

Si te pide que le ayudes a limpiar, sé sutil. Sólo dile que tu sirvienta tiene los domingos libres.

PRINCIPIO DE ATRACCIÓN # 51

La relación puede no ser la indicada para ti si te das cuenta de que estás saltando a través de los aros. Cuando algo está bien, va a ser más fácil con menos esfuerzo.

Sólo recuerda: no se trata de un hombre. Esta es tu vida... y es demasiado valiosa para desperdiciarla. Haz las cosas cuando te convenga, especialmente en lo concerniente a tus opciones y a quién dejas acercarse a tu "interior". Te va a producir mejores rendimientos... especialmente en el departamento de la dignidad.

6

NO *Más* QUEJAS

Qué hacer cuando él no te aprecia y quejarte no sirve de nada

"Bien hecho es mejor que bien dicho."

—BEN FRANKLIN

¿Amante o mamá?

Esta escena es bastante familiar: una chica buena en "marchas forzadas" intentando complacer a su hombre. Llega a casa del trabajo e intenta mantener una conversación con él; pero él la desanima diciéndole: "Estoy cansado". Ella hace la cena, y él se sienta a cenar frente al televisor para poder ver el futbol del lunes por la noche. Ella intenta ponerse bonita; él ni siquiera lo nota: pero observen lo que pasa cuando se da cuenta de que llegó la revista con la última edición de trajes de baño; él casi hiperventila. ¿Diagnóstico? Ella siente que él no la toma en cuenta.

Como si fuera un vagabundo con un letrero que dice: *Trabajo por comida*, el tuyo dice: *Trabajo por atención*. Deja de "vivir en los barrios bajos", amiga; nueva administración. Bajo la antigua administración, tú te enfrentabas a su falta de atención quejándote. Y si te das cuenta, no te funcionó. Por eso todos los pasos que vamos a tratar en este capítulo se refieren a cambios de comportamiento. Si te quejas con un hombre, él se vuelve más apartado.

Esencialmente, siempre debes recordar que aunque es un adulto, en su interior hay un niño de tres años que le causa Trastorno por Déficit de Atención. Cada vez que te quejas activas a ese pequeñín, y tienes treinta segundos de atención antes de que se active su "glándula de niño pequeño".

Es tan fácil como cambiar a otra estación de radio. En treinta segundos, él te va a dejar de escuchar hasta que acabes de quejarte. No importa si sus pantalones están ardiendo y el cuarto está lleno de humo.

Él no va a escuchar ni una palabra. Por eso debes comunicarte por medio de tus acciones... en lugar de con palabras. Como un hombre no sabe hablar de sentimientos como lo hace una mujer, cualquier cosa que se repita más de dos veces le suena a queja. Nunca le pidas más de dos veces a un hombre que haga algo o se sentirá como si lo estuviera regañando su mamá. Y cada vez que te quejes se va a comportar como un adolescente terco y rebelde.

PRINCIPIO DE ATRACCIÓN # 52

Cuando te quejas, él deja de escucharte. Pero cuando hablas con tus acciones, te pone atención.

Las mujeres suelen decir: "Los niños pequeños son tan dulces. ¿Por qué cambian?". Según Freud, algo se estropea más o menos a la edad en que aprenden a ir al baño. Para entender mejor el origen de la "glándula del niño pequeño" y para ver por qué un hombre no le presta atención a una mujer, vamos a examinar la conducta de los niños pequeños.

Un niño de tres años quiere ser independiente de su mamá, pero también quiere dejar de prestar atención al hecho de que ella está allí, a su alcance. Así que prueba a ver cuán lejos puede llegar. El niñito desobediente se esconde a la vuelta de la esquina y espera. Después regresa para asegurarse de que su mamá sigue ahí.

En un hombre adulto, hay un paso más entre estos dos. Después de que se esconde, pero antes de regresar corriendo, se va a voltear a ver por encima de su hombro: "¿Qué hará mi mamá ahora? ¿Se quejará? ¿Entrará en pánico? ¿Me perseguirá?".

Tu reacción determina si se va a acercar o a alejar un paso más.

PRINCIPIO DE ATRACCIÓN # 53

Cuando un hombre no presta atención a una mujer, sigue intentando asegurarse de que ella "continúa allí".

Piensa en lo inútil que es quejarte. Le asegura que puede continuar manteniendo la distancia y tú vas a seguir allí. Se puede negociar muy poco con palabras. Él no se sienta y te dice: "Mira, quiero ser perezoso en esta relación. Pero me gustaría que siguieras cocinando para mí y me gustaría que siguieras acostándote conmigo cuando yo quiera. De hecho, en este momento estoy un poco excitado… ¿quieres un poco de amor?".

Se podría pensar que una mujer que acepta estas condiciones tendría que estar drogada. Sin embargo, las mujeres aceptan estas condiciones todos los días. Sin descanso. "¿Qué salió mal?", se pregunta ella. Al principio, él se desvivía por demostrarle que era un caballero; le abría la puerta del coche, le pedía que ordenara primero, etc. De modo que sabe cómo tratar a una mujer. Poco a poco, él comienza a volverse flojo, sin ninguna negociación de por medio y, desde luego, sin el consentimiento de ella, por lo tanto ella no se da cuenta de lo que está sucediendo hasta que las cosas ya están totalmente desfasadas. Entonces ella se queja para tratar de enderezarlas.

Una vez que una mujer se da cuenta de que el hombre está entrando en el modo "no me levanto de este sillón", intenta hablarle de una forma equivocada: "Ya nunca me sacas ni me traes flores".

O: "Ya nunca pasamos tiempo juntos". Esta es una señal que le dice al hombre *que la tiene justo donde él quiere*. Ya no participa pues, dentro de su mente, todo lo que hace falta para satisfacerla es su presencia. Él le dice sarcásticamente: "Estoy contigo, ¿o no?".

Para hacer que el niño de tres años regrese corriendo con su mamá, ella tiene que quedarse justo *fuera de su alcance*. La razón de por qué las quejas la mantienen a su alcance es que él siente que ella está "atrapada" esperando por él. Tal vez esté esperando que él dé más, participe más o sea más atento. Pero está *esperando*.

Lo único peor que encerrarlo en una caja es sentir que él te tiene encerrada en la suya. De ahí la necesidad del cambio de 180 grados que se prescribe en este capítulo.

Cuando él no te toma en cuenta, quiere decir que estás provocando el mismo tipo de amor que le tiene a su madre, a su abuela o a alguna otra mujer que lo haya criado. Te convertiste en "una vieja conocida". No importa cuánto le grites, él sabe que no te vas a ir. "Puede darme lata, pero sé que me sigue queriendo y que puedo hacer lo que quiera". Y ésta es la clase de seguridad que no quieres que sienta.

Los hombres saben que está mal, pero siguen queriendo saber hasta dónde pueden llegar. Como me dijo un hombre: "Los hombres van a hacer todo lo que tú les permitas hacer". No estoy diciendo que no existan hombres maravillosos. Pero un hombre íntegro, o cualquier persona íntegra, no querrá nada que no se haya ganado. Por eso es por lo que un hombre de alto calibre que se respete se sentirá atraído por una mujer a la que no pueda pisotear.

Si no te aprecia y tú te retraes un poco sin darle una explicación, lo sorprendes con la guardia baja y captas toda su atención. Dejas de actuar en la forma que conoce y dejas de ser su mamá.

Esta acción genera que te desee como amante. Pero si tu postura es la de una "vieja conocida", él te verá como a su madre y no te va a tomar en cuenta.

Las mujeres también se quejan de otras cosas además de la falta de atención. Muchas veces las mujeres se quejan sobre los quehaceres domésticos. Te repito, tienes que condicionarlo *sin* palabras. A la mayoría de los hombres no les importa si su casa no se ve maravillosa o si se ve sucia. Muchos de ellos se contentan con llegar a sentarse en el sillón manchado que tiene su trasero impreso en él. Tampoco les importa si el fregadero está lleno de trastes del día anterior o si sus zapatos dejaron huellas de lodo por toda la alfombra.

Si estás formada en la fila del supermercado y te fijas en las personas que llevan niños, te podrás dar cuenta de que la mamá que mantiene a su hijo controlado no es la que lo está regañando o le está gritando. Sólo le dice una frase o lo mira de cierta forma. Como el niño la respeta y no sabe lo que podría ocurrir a continuación, se porta bien. Las palabras no son necesarias para enseñar a un hombre a tratarte. Un pequeño silencio o un distanciamiento muchas veces surten efecto.

PRINCIPIO DE ATRACCIÓN # 54

Cuando la rutina se vuelve predecible, es más probable que él te dé el mismo tipo de amor que le da a su madre; y las probabilidades de que no te tome en cuenta aumentan.

Algunas veces como amante tendrás que imponer ciertas condiciones que son también en el mejor interés del que "usa pañales".

¿Por qué? *Porque es hombre*. Y siempre va a tener un niño de tres años atrapado dentro de él.

Todos los cambios de conducta de los que habla este capítulo te permiten mantener un comportamiento relajado, agradable y encantador. El objetivo es evitar ser su mamá y que hagas la transición a volver a ser su amante.

El hombre no correlaciona los sentimientos sexuales con los sentimientos que tiene por su madre. Así que ten cuidado con la figura femenina en la que te conviertes como parte de su vida. Para mantenerte como su amante, debes hacer que permanezca plantado sobre sus pies. Esta conducta incita su interés y hace que se acerque a ti. Él está mucho más feliz siendo tu amante que cuando te conviertes en su mamá. Admito que se ve cómodo y contento en su sillón, pero no está contento cuando te conviertes en su madre porque ya no tiene una amante… y tú tampoco.

Este capítulo te da ideas para cambiar las cosas y regresarlo al modo "persecución" cuando su mente está a la deriva. Los hombres son cazadores. Lo que él obtiene de la chica buena es una clase protectora de amor maternal que disminuye su deseo sexual. Él no persigue a su mamá. Lo que la chica buena tiene que entender es que si le proporcionas a un hombre una percepción de seguridad, le quitas el calor.

Las mujeres suelen darle confianza a un hombre o tratan de ser convincentes para conquistarlo. Pero la cabrona lo conquista actuando como si pudiera quedarse o irse. Por lo tanto, retroceder de una forma sutil le da "ánimos" a tu hombre. Puedes aplicar los consejos de este capítulo:

- Cuando él parezca estar pagado de sí mismo
- Cuando dude si seguir con la relación
- Cuando no esté siendo respetuoso
- Cuando no tome en cuenta tus necesidades.

Vamos a comenzar. ¡Cuidado! No te des por vencida; porque, hermana, podrás hacerlo después.

Receta: trátalo como a un amigo

Recuerda el inicio de su relación, cuando acababas de conocerlo. No te quejabas por todo. Lo más probable es que lo trataras como a un amigo. Estabas relajada; te divertías y te reías más. Te sentías cómoda diciendo lo que pensabas. Él no era "lo único importante" en tu existencia.

Cuando empezaste a quejarte, tu conducta empezó a contar una historia diferente. "Cada movimiento tuyo me afecta a mí." Por esta razón y sólo por ella, tus quejas lo recompensan. No porque las disfrute, sino porque le aseguran que lo quieres.

No importa si eres una abogada poderosa y puedes darle un alegato que haga girar su cabeza.

PRINCIPIO DE ATRACCIÓN # 55

La atención negativa sigue siendo atención. Le permite saber a un hombre que te tiene justo donde él quiere.

Las quejas le siguen dando la confianza de saber dónde está él y dónde estás tú. No hacen que se sienta preocupado, no lo hacen pensar ni ponderar nada. No lo intrigan ni lo atraen. En vez de eso, él sólo deja de escucharte.

Tú quieres "hablar" y él quiere hacer cualquier cosa *menos* hablar. Y si insistes, le va a echar la culpa a algo diferente.

Cómo echarle la culpa a otra cosa... Guía

- Primero dile a ella que éste no es el momento para discutirlo. Recuerda, nunca es buen momento para "hablar".
- Antes de escuchar una sola palabra, dile que entendió todo mal y que está siendo "demasiado sensible".
- Inventa una secuencia que diga: "Los lunes y los viernes ella exagera". "Los martes y los jueves saca las cosas de su proporción correcta". "Y los fines de semana, se imagina cosas".
- Cambia el tema. Dile: ¿Estás en tus dias, verdad?
- Si esto no funciona, empieza una pelea. Sé muy combativo, pero señálale en repetidas ocasiones que ella fue quien comenzó

(continúa...)

Cómo echarle la culpa a otra cosa... Guía

- Si ella tiene seis buenos puntos, y tú sólo uno semibueno, pon todo el énfasis sobre ése.
- No te desvíes. Sigue insistiendo en tu pequeño punto una y otra vez, y después exígele una respuesta rápida. Si duda, úsalo como evidencia de que tienes la razón.
- Si queda claro que ella tiene la razón, encuentra otro punto que no tenga nada que ver con el incidente y úsalo.
- Asegúrate de crear tu propio panel de expertos imaginario (compuesto por personas que ella todavía no conozca). Dile: "Hasta Joe y Jim están de acuerdo conmigo y piensan que tú estás siendo completamente irracional".
- Cuando intente explicarte lo mismo de otra forma, voltea los ojos.
- Desígnate como su terapeuta personal. Dile: "Te estás haciendo esto a ti misma. ¿Por qué te haces estas cosas?".
- Cuenta la cantidad de veces que repite las cosas, y asegúrate de recordárselo.
- Es como boxear. Golpe corto con la izquierda; gancho con la derecha. Y después, corre...
- Como decía Muhammad Ali: "Flota como una mariposa, pica como una abeja". Flota eludiendo el tema y pica preguntándole por qué no "deja las cosas como están".
- Sigue bailando y mantén los pies ligeros.
- Y recuerda, siempre es *su* culpa. Esa es tu historia y te tienes que apegar a ella.

Lo otro que hará, será dejar de escucharte por completo. Él verá que tus labios se mueven, pero no podrá escuchar lo que estás diciendo. Como si tuviera un control remoto dentro de su cabeza, ya apretó el botón de "silencio". Para él sería ideal que "te quejaras como loca" hasta quedar exhausta. Él espera que, si tiene un poco de paciencia, tú acabarás por cansarte e irte.

Las mujeres se diferencian en el tiempo en que tardan en cansarse. Como es evidente, según los hombres que entrevisté, cada mujer, al igual que con la ropa, los perfumes y hacer el amor, tiene su "estilo personalizado" de quejarse. Aquí te muestro sólo unos cuantos:

- **La quejosa de maratón**: Esta mujer se va a quejar por más tiempo para encontrar su propio ritmo, entre dos y tres horas.
- **La quejosa de carrera corta**: Esta mujer se va a quejar durante un periodo más corto. Su explosión es más intensa, así que se va a cansar mucho más rápido.
- **La gimoteadora de ímpetu**: Esta mujer comienza gimoteando y después poco a poco va agarrando ímpetu, que acaba convertido en queja. Después llora. Mientras más tiempo pasa, agarra más ímpetu y es menos probable que se calle.
- **La gimoteadora del amanecer**: Empieza en cuanto el sol se asoma por el horizonte. En cuanto él abre los ojos empieza a escuchar el primer gimoteo de la mañana. O puede estar todavía dormido, y entonces ella lo despierta como un gallo.
- **La quejosa nocturna**: Justo cuando él está entrando en el sueño REM (profundo), ella le da un codazo y le recuerda algo que tiene que hacer al día siguiente.

- **La guerrillera**: Esta quejosa utiliza el elemento sorpresa. Lo sorprende con la guardia baja en cualquier momento del día. Un minuto todo está bien y de repente, sin advertencia, sale de entre los arbustos y golpea.
- **La francotiradora**: Esta es la quejosa premeditada que hace un comentario mordaz. Suele ser un tiro directo que pega justo en el blanco.

Muchas veces, el hombre no se da cuenta de que está haciendo enojar a la mujer. Ella debe recordar que si pasa algo que no le gusta, él puede no haberse dado cuenta.

Por lo tanto, si ella quiere decirle que algo que él hizo la molestó, debe permanecer calmada. Después debe decirle: "¿Te puedo explicar algo?". Debe acercarse a él pensando que su intención no era herirla porque lo más común es que él *no tenga ni la menor sospecha.*

Shaquille O'Neal dijo: "Este es un juego duro. Hay veces que tienes que jugar herido, que debes bloquear el dolor". La razón por la que debes bloquearlo es que deteriora tu capacidad para tomar decisiones. A largo plazo, tu forma de comunicarte podrá afectar su deseo por ti.

Si la mujer está perdiendo la atención de un hombre, es porque ella está siguiendo una rutina *predecible* y se está convirtiendo en un oponente, más que en una compañera. Por lo tanto:

Quejas = Una mujer predecible = Sentimiento de obligación = Falta de deseo

Indiferencia = Respuesta menos predecible = Interés renovado

PRINCIPIO DE ATRACCIÓN # 56

Cuando lo tratas de forma casual como si fuera un amigo, él se va a acercar a ti.
Porque quiere que todo sea romántico, pero también quiere ser él quien persiga.

Verlo como un amigo te permite relacionarte con él sin la pesadez ni la tensión de las quejas. No le digas: "Oye, amigo", y le pongas una cerveza enfrente con una sonrisa fingida de comercial de pasta de dientes. No te ofrezcas para salir con él a ver chicas ni a masticar tabaco. No sobreactúes.

Te repito, trátalo como si fuera un amigo, lo que significa mostrar un comportamiento que parezca *improbable dadas las circunstancias*. Si has estado tensa, necesitada o aferrada a él, parecer casual, relajada y *des*preocupada es la respuesta improbable que él esperaría.

Por ejemplo, si te pone excusas por no pasar tiempo contigo, tú debes inventar excusas por las que no puedas pasar tiempo con *él*. ¿Es un juego? No. Si él está demasiado ocupado y tú ya has intentado decirle cómo te sientes, es tiempo de demostrarle con tus acciones que él ya no va a seguir imponiendo sus condiciones; porque éstas seguirán creando una separación entre ustedes, y ése no es el resultado que quieres.

Aquí va un ejemplo clásico. Tú quieres verlo más y le sugieres salir a algún lugar de fin de semana. Él te dice: "No puedo, tengo mucho trabajo". Lo típico sería que te quejaras porque él no pasa suficiente tiempo contigo. Lo que lo desconcertaría es que tú gires a la izquierda cuando él espera que gires a la derecha.

PRINCIPIO DE ATRACCIÓN # 57

Un pequeño distanciamiento combinado con un aspecto de autocontrol lo pondrá nervioso, pues pensará que puede estarte perdiendo.

Si tú no te pones de mal humor o si haces que parezca que pierdes el interés por salir de fin de semana, él se va a preocupar de inmediato. La mayoría de los hombres están acostumbrados a mujeres que quieren estar con ellos todo el tiempo. Él se preocupa cuando está ocupado intentando defender algo que tú, misteriosamente, ya no quieres. Si tú no sacas el tema y pretendes olvidarte totalmente del asunto, él empieza a preguntarse: "Hmm… ¿por qué le pareció bien si yo sé que está mal? Se cuestionará su poder o influencia sobre ti, y ya no sabrá si tiene un control completo sobre tu persona. Cuando no recibe quejas, aunque sabe que se las merece, empieza a pensar en qué podría estar sucediendo.

Vamos a decir que te está viendo dos noches por semana, pero que le gusta hacer sus cosas los fines de semana. Algunos fines de semana salen juntos y otros te deja colgada por salir con sus amigos. Lo último que quieres es que el Oso Yogui crea que tú eres Bubú el tonto. "Yogui, ¿qué vamos a hacer ahora? ¡Está bien!"

Debes alterar el patrón que se ha vuelto conveniente para él, *sin mal humor y sin advertencia previa*. Usa el mismo tipo de excusas que él quiere que tú aceptes. Velo la mitad del tiempo que él quiere verte. "Me encantaría verte el jueves, pero no puedo, estoy muy atrasada en el trabajo. Saliendo de trabajar quiero ir al gimnasio, y después voy a estar muy cansada.

Mejor nos vemos la próxima semana." Sólo con ese gesto, habrás hecho algo que nunca habrías logrado ni con todos los lloriqueos y las quejas del mundo. Acabas de reencender la vela.

En el mismo segundo en que le quites la seguridad de una rutina predecible, su orientación cambia. En vez de preocuparse por ahorrar su tiempo o por inventar excusas sobre su trabajo, tendrá que pensar en algo divertido para que quieras estar con él. Cuando no estás disponible, *él va a cambiar su rutina para poder pasar más tiempo contigo.*

Si le preguntas a cualquier entrenador de loros cómo entrenar uno, te va a decir que eleves la percha hasta la altura de tu hombro. También te va a decir que no la eleves a más altura de la que tú estés, porque el pájaro va a pensar que es mejor que tú. No importa cuánto te ame, si tienes que levantar el dedo por encima de tu cabeza para tocarlo, se va a sentir más inclinado a morderte. De esta dinámica con aves fue de donde se inventó la palabra *gallito.*

Por otra parte, si colocas el pájaro en el piso, se va a sentir vulnerable. Los entrenadores sugieren hacer esto para mantener al pájaro "vigilado". Si le acercas el dedo, en vez de morderte, se subirá a éste e intentará trepar hasta tu hombro. Cuando tu hombre se comporta como si él valiera más que tú, recrea el equilibrio y la igualdad en la relación tomando suavemente al "pequeño pajarillo" y poniéndolo en el piso.

PRINCIPIO DE ATRACCIÓN # 58

Un hombre deja de apreciar a una mujer cuando tiene interés pero ya no va a cambiar su rutina.

Por ejemplo, Rhonda no estaba siendo apreciada por su novio. Él le pidió que "fuera a su casa" tarde por la noche. Ella le contestó que no tenía coche porque estaba en el taller. Él estaba a siete minutos de distancia y tenía un coche en perfectas condiciones, estacionado fuera de su casa. Él le preguntó: "¿Y cuándo va a estar listo tu coche?". En cuanto se dio cuenta de que ella no tenía vehículo se olvidó del tema de reunirse.

En este ejemplo, Rhonda estaba siendo menospreciada por un tipo que quería que lo mantuviera caliente en la noche pero que era incapaz de manejar siete minutos para recogerla.

Lo típico hubiera sido que ella se quejara, pero no lo hizo en esa ocasión. La siguiente vez que él llamó, Rhonda le habló de una manera muy casual, como si fuera sólo un conocido. Un amigo. Un compañero, un camarada. Ella le dijo: "Oye, qué bueno que hablas. ¿Me puedes hablar en un rato? Estoy atendiendo una llamada en la otra línea". Él volvió a llamar, y ella se estaba duchando. Después llamó una tercera vez. Charlaron un rato como amigos. Por primera vez durante la relación, su disposición cambió de intensa a indiferente. Después de un tiempo corto, le entró otra llamada y ella terminó la conversación de una manera amable. "Nos hablamos pronto. Adiós, cariño." Casi de inmediato, ese hombre se volvió más atento.

Vamos a pulsar el botón de "pausa". Rebobinamos… ahora, vamos a analizarlo escena por escena. Fíjate lo fácil que fue para Rhonda hacer que él se diera cuenta de que debe dar más.

1. Él no estaba siendo amable.
2. Él sabía que no era amable.
3. Esperaba que ella se quejara.

4. Ella no se quejó.
5. Él se sintió inseguro.
6. Ella estaba relajada y segura de sí misma.
7. Ella no le dio explicaciones ni se puso de mal humor.
8. Él se dijo: "Oh, oh. Mejor me pongo a trabajar".

PRINCIPIO DE ATRACCIÓN # 59

Cuando te quejas, *tú* te conviertes en el problema, y él lo resuelve dejando de escucharte. Pero si no te quejas, él se encarga del *problema*.

Cuando hay un problema, a los hombres les encanta "arreglarlo". Si te quejas haces que parezca que el problema está en ti. Un ejemplo perfecto es Diana, quien empezó a quejarse con su marido para que arreglara una cerradura del cuarto de lavado. La tercera vez que se lo pidió, él se enojó tanto que no había fuerza en esta Tierra que lograra que él la arreglara.

Una noche fueron unos amigos a su casa. Sabiendo que su marido la estaba escuchando, Diana le pidió a un amigo de éste que le arreglara la cerradura del cuarto de lavado, en ese dulce tono de "damisela en aprietos" que los hombres creen real. Después se puso a buscar un desarmador. Antes de siquiera haberse dado vuelta, su marido subió las escaleras como Speedy González y arregló la cerradura en dos minutos.

Los hombres odian que otro hombre arregle las cosas por ellos. Es un asunto territorial; como si alguien más pisoteara su césped. Si ya le pediste varias veces que hiciera algo, y él no lo ha hecho, dile: "Está bien, cariño. Ya no necesito que lo hagas. Ed, nuestro vecino, me dijo que va a pasar por aquí a arreglarlo". Si no tienes un vecino, dile que su mejor amigo va a venir a hacerlo. De esta forma conseguirás que haga cualquier cosa en ese mismo momento.

Mi amiga Lucy se dio cuenta de que cuando le pedía ayuda a su marido en varios campos, él era menos atento. Por ejemplo, solía pedirle que le ayudara a meter la compra a la casa cuando regresaba del supermercado. Él siempre estaba haciendo algo, y le decía: "Espérame un momento". Un minuto después, ella le decía: "La comida se va a echar a perder", y lo seguía repitiendo: "La comida se va a estropear. Si lo vas a hacer, hazlo ya, por favor". Cada visita al supermercado se convertía en una lucha de poder.

Dejó de pedirle ayuda y notó un cambio.

PRINCIPIO DE ATRACCIÓN # 60

Si le quitas sus tareas domésticas y elogias a alguien que las esté haciendo, las va a querer recuperar.

Cuando ella traía la compra y él le preguntaba si necesitaba ayuda, le contestaba: "No, gracias, amorcito. Yo lo hago". De pronto, él estaba afuera insistiendo en ayudarle con la compra.

También está mi amiga Rayanna, que siempre se estaba quejando con su marido para que él llevara a los niños al colegio. Siempre tenía una excusa para evitarse el paseo. En vez de seguir quejándose, Rayanna encontró a un padre soltero que vivía en la misma calle y empezó a hacer ronda con él. De repente el Papá Oso se puso la gorra de chofer.

Recuerda, los hombres necesitan cierta persuasión. No son muy talentosos en lo que se refiere a llevar una casa. Antes de convertirse en Papá Oso, vivía la vida del oso salvaje, en su hábitat de soltero (con muebles). Recuerda la primera vez que fuiste. Las sábanas no coordinaban y las almohadas no tenían fundas. Su lámpara era una pantalla de fieltro sobre un pie contemporáneo plateado con ambientadores pegados a cada lado. Era tan fea que ni siquiera el ropavejero se la quería llevar.

Por esto, el día en que el "oso domesticado" fija sus normas de vida es el día que las tuyas caen en picada.

Hazle saber tu reclamación, pero no lo hagas quejándote. Hay formas mejores.

Cuando utilizas la culpa o las quejas para motivarlo, él se siente mal. Pero si le picas el ego, se siente bien. Necesita que lo elogien. Si sale a arreglar el buzón de correo, cuando regrese, dile: "¡Muchas gracias, amor mío!". Elógialo; y entonces él te va a decir: "¿Quieres que, de paso, arregle la cerradura del cuarto de lavado?".

PRINCIPIO DE ATRACCIÓN # 61

Si te quejas, él ve debilidad.

Bárbara me contó una historia graciosa de cómo se las arregló para que su esposo la ayudara un domingo que no había nada que hacer. Se salió al garaje disimuladamente cuando él no la estaba viendo y se las ingenió para saber cuál era el interruptor que cortaba la electricidad de la parte de la casa en la que él estaba. Lo apagó, regresó a la casa, y pretendió no tener idea de lo que había pasado. "¿Cariño? ¡Tengo miedo! ¿Qué le pasó a la luz?" Él nunca se hubiera imaginado que ella pudiera apagar el interruptor. Fue como pasarle una corriente eléctrica que lo levantara del sillón. ¡El gran hombre al rescate! Él fue a ayudarla porque se sintió necesitado como "el hombre de la casa".

Buscó una linterna y bajó al garaje a revisar la caja de los interruptores. A ella le asignó la complicada tarea de sostener la linterna. "Mantenla firme." En cuanto él volvió a encender el interruptor, ella se mostró orgullosa e impresionada. "¡Wow! ¡No lo puedo creer! ¿Cómo lo hiciste?"

Y entonces llamó a su madre. "Mamá, es tan inteligente..."

Cuando lo haces sentir que es el Hombre, el Semental, la Leyenda, puedes pedirle cualquier cosa y él la hará. No lo va a hacer porque estuviste quejándote. Lo va a hacer porque quiere. Y se va a sentir bien al hacerlo.

Como dijo John Churton Collins*: "Nunca demandes como derecho lo que puedas pedir como favor". Quejarte lo convierte en un derecho; pedirlo por favor lo convierte en una experiencia positiva. Vendrá corriendo a ayudarte si sabe que lo vas a elogiar. Así como una mujer quiere que el hombre la vea como la "chica de ensueño", el hombre quiere que la mujer lo vea como un "héroe".

*N. de la T. John Churton Collins, escritor y crítico literario inglés.

"Mostrar" es mejor que "decir"

Si te estuviste quejando y quieres llamar su atención, intenta un cambio. No le demuestres tus sentimientos durante un periodo corto. Y no le des explicaciones. No le digas que tuviste una epifanía. No le digas que esa es la "nueva tú". No exageres el cambio: "¿Sentimientos? ¿Cuáles sentimientos?". Muéstrale, en vez de decirle, que ya no te quejarás hasta hartarlo.

Los sicólogos te sugieren que no debes ocultar cómo te sientes; te dicen que "te expreses". Que empieces cada frase con: "Me siento…". Y que pidas retroalimentación. Que después te sientes en un círculo, se tomen de las manos y pasen los pañuelos desechables. Que prometas nunca volver a hacerlo y que vivan felices para siempre. Después le pagas mil pesos por sesión al terapeuta. Es un ideal teórico perfecto. Sólo pensar que puedas expresar esos sentimientos, proporciona calidez.

Y hasta estoy segura de que puede funcionar en algunas ocasiones (porque después de gastar cien mil pesos en terapia, no puedes atreverte a pensar que no funcionó). Pero no te engañes. Ningún hombre cambia por una terapia de pareja. Los hombres ven la terapia como una forma de chantaje; coerción con una recompensa. La única razón por la que se corrigen es para no caer en bancarrota. La mitad de una sesión suele ser suficiente. "Está bien. Ya estoy mejor. ¿Podría detener ya el reloj?"

Expresarte cuando no te esté apreciando no funciona. Tienes que demostrarle con acciones. Expresar tus emociones con frecuencia es como rogar. Te hace ver necesitada más que dignificada. Pero, ¿qué pasa cuando retrocedes si él se pasa de la raya? Quedas *muy dignificada*.

Cuando él está intrigado porque no tienes todas las cartas sobre la mesa, se ve forzado a verte de otra forma. No es la clase de amor que siente por su mamá; o su hermana; o su abuelita. Ahora tienes su atención porque él ya no está en la "zona segura" que le permite tener el pastel y comérselo.

Esto no es ser mala. Los hombres se sienten excitados con ello. Piensa en la típica fantasía masculina que suelen tener al crecer: siempre es una mujer que tiene poder sobre ellos. Puede ser su maestra de secundaria, la enfermera de un consultorio médico, la niñera que le dio unas cuantas galletas extra, la oficial de policía con las esposas. Todas estas mujeres, en sus diferencias de feminidad, tienen poder sobre él, lo dejan en desventaja y a él *le gusta*.

Cuando le dices a un hombre cómo te sientes, la mayor parte del tiempo no entiende de lo que le estás hablando. Lo más probable es que sólo lo confundas y lo frustres. Si le echas un vistazo al Principio de Atracción # 62, verás lo que *sí* entiende.

PRINCIPIO DE ATRACCIÓN # 62

Él percibe a una mujer emotiva como alguien insignificante.

Mi amigo Gary es corredor de coches, y me compartió una historia sobre una novia que se quejaba todo el tiempo. Después de cierta carrera, Gary estaba sentado junto a ella en el estrado. Se les acercaron un par de mujeres amables y le pidieron su autógrafo. Él recuerda: "No podía creer que ella se hubiera enojado tanto porque no la presenté como mi novia. Se me olvidó, pero ella no dejó de quejarse. Hasta hizo pucheros". Lo que dijo a continuación es interesante: "¿Sabes cuál es la mujer más decepcionante? La *mártir*".

No sabemos si reaccionó de modo tan exagerado porque él estaba coqueteando; pero lo interesante de esta historia es su uso de la palabra *mártir*. Ella estaba intentando utilizar la culpa para manipularlo y controlarlo, y los hombres resienten que los traten de manipular. Por otra parte, si ella se hubiera alejado sutilmente, él habría visto una mujer con orgullo y dignidad; y las dos son cualidades poderosamente atractivas.

PRINCIPIO DE ATRACCIÓN # 63

De la misma forma que la familiaridad provoca desdén, un comportamiento un poco distante muchas veces puede renovar su respeto.

Si un hombre no está siendo agradable durante una salida, todo lo que debes hacer es seguir siendo amable y después irte a casa temprano. "Mañana tengo un día pesado. [Bostezo.] Yo creo que me voy a ir a dormir temprano."

La próxima vez que salgan, él se comportará mucho mejor.

Una conocida mía, llamada Cynthia, me contó una historia simpática sobre su novio. Estaban saliendo sin tener citas con otras personas, y una noche él fue a un bar de nudistas. A ella no le encantó la idea y quería buscar la forma para que no volviera a ir. Unos días después, le hizo creer que había conseguido trabajo en uno de esos bares. "En el guardarropa. ¡No te parece maravilloso!" Después empezó a platicarle que debía buscar unos zapatos de plataforma perfectos.

Durante su siguiente cita, ella utilizó un labial rosa encendido y comenzó a usar el cabello como si se hubiera electrocutado. Después de eso se cubrió todo el párpado con una sombra azul. Él quería ver "mamacitas" y su novia le mandó una "mamacita de súper lujo".

No pasó mucho tiempo antes de que él se trastornara: "¡No quiero que mi chica trabaje en un lugar como ése!". Esto comenzó una discusión que acabó en un acuerdo mutuo de que los dos se alejarían de lugares "como ése". (¿Ves? ¿Para qué presentar tu caso si puedes hacer que él lo presente por ti?)

A veces, cuando surge un tema serio, hay necesidad de una plática más seria. Cuando se presente esta situación, existen formas de enfatizar tu posición sin que tengas que quejarte o repetir las cosas muchas veces. Si te pregunta: "¿Te pasa algo?", respira profundo y responde calmada: "Sí, hay algo que no está bien, pero preferiría hablar de ello más tarde. En este momento no quiero tocar el tema".

PRINCIPIO DE ATRACCIÓN # 64

Él va a olvidar lo que tiene contigo…
a menos que se lo recuerdes.

En vez de que él apriete el botón "silencio", le sube al volumen y enciende el sonido estéreo. Lo más probable es que ni siquiera tengas que decir una palabra porque cuando llegue el momento de hablar, él ya se habrá asegurado de que no volverá a suceder. Mientras tanto, está pensando en formas de hacer las paces contigo. Y todo sin tener que decir una palabra. Así es mejor, ¿no?

Es como desfragmentar su disco duro; estás haciendo que lo limpie sin tener que quejarte. Sólo te vas a hacer tus cosas... mientras él se "corrige a sí mismo".

Muchas mujeres creen que tienen que "pinchar al ganado", o sea a su hombre, por medio de quejas para que no las olvide. "Le voy a dar un picón." O ni siquiera se dan cuenta de que se están quejando.

Recuérdate de vez en cuando: "Los hombres también son personas". Y ponte en sus zapatos; estar cerca de una persona que actúa como si fuera tu mamá no es muy divertido.

Con tu comportamiento, y no con tus palabras, es como le dejas saber dónde estás situada.

Después de todo, con lo que los hombres sueñan y fantasean es con una mujer fuerte. Béisbol, *hot dogs*, pastel de manzana y... cabronas; no van a encontrar nada mejor.

7

EL "CUADERNO DE JUGADAS" *Secreto* DEL OTRO EQUIPO

Cosas que sospechas pero nunca has escuchado que él diga

> "No te aprendas los trucos del negocio.
> Aprende el negocio."
>
> — ANÓNIMO

Lo que los hombres piensan sobre la manera en que las mujeres se comunican

Las mujeres suelen asumir que los hombres no están "en contacto" con sus sentimientos y no tienen ni la menor idea de lo que está sucediendo dentro de una relación romántica. Como los hombres no son afectos a expresarse, las mujeres presuponen que "no entienden".

Los hombres sienten aversión a hablar de "sentimientos". Hasta evitan ver películas que hablen de ellos. Mike me describió cómo ven los hombres las películas emotivas que tanto gustan a las mujeres: "Siempre hay una madre, una hija y la mejor amiga de la madre. La película completa se desarrolla en una playa o se la pasan recogiendo jitomates con un estúpido sombrero de paja en la cabeza. Y todas lloriquean todo el tiempo. '¿Mamá?, buuu, buuu, buu'. Después la madre empieza a llorar. Un grupo de mujeres lloriqueando no es un argumento. No me puedo pasar dos horas viendo eso".

Los hombres están tan interesados en hablar sobre sentimientos o en ver "películas para chicas" como en verlas meterse debajo de un coche a reconstruir un motor. Para ellos, ver una película como *Terms of Endearment* (La fuerza del cariño) o *Steel Magnolias* (Magnolias de acero) es un castigo cruel e insólito. Un hombre llamado Chris me dijo: "¡Fue horrible! Y tuve que ver esa porquería durante tres horas sólo para probar que no era un patán".

Esta frase le produjo el apoyo de otro hombre que estaba cerca: "Te entiendo. Es asqueroso. Es casi tan malo como tener que escuchar a Michael Bolton. ¿Todos esos lamentos y lloriqueos? No puedo ni escucharlos".

Lo que también es muy interesante, es la forma en que los hombres hablan de "los sentimientos". Si le pides a un hombre que diga esa palabra en voz alta, la va a pronunciar con una voz de terror: "Sssssssss-sentiiiii-mientos." Si continúa la conversación, te vas a dar cuenta que pone cara de dolor como si fuera a "pasar" por cierto tipo de procedimiento quirúrgico invasivo. Los efectos secundarios pueden variar; por lo general podrían ocurrir problemas digestivos. (Por lo tanto, antes de hablar de "sentimientos", asegúrate de cocinar un poco de arroz para aplacar las molestias estomacales.)

Esta falta de sentimentalismo lleva a las mujeres a pensar que los hombres están "fuera de contacto". Nada está más alejado de la verdad. Durante mi investigación para este libro hablé con cientos de hombres de todas las edades. El menor tenía dieciocho años y el mayor setenta; algunos casados y otros solteros. Para mi sorpresa tenían percepciones mucho más claras que cualquiera de sus novias con las que hablé acerca de las suyas. Me encontré con que los hombres son sorprendentemente abiertos y sinceros.

Para este capítulo, tomé las mejores y más reveladoras citas y las junté en una lista para ayudar a las mujeres a saber lo que los hombres observan. Destaqué las citas que revelan lo que sienten los hombres sobre la mujer necesitada, la mujer intrépida, y lo que enciende o apaga a los hombres.

Esta información va a "conectar los puntos", confirmando los consejos que se dan en los otros capítulos. No sólo vas a entender el consejo, sino también por qué lo estoy dando en este libro.

Las quince señales principales de que una mujer está necesitada

1. "Si la mujer no tiene los sentimientos a flor de piel, se ve menos emotiva y más atractiva. Esto hace que la relación fluya con más suavidad. Por ejemplo, un hombre *tiene* que trabajar. No es que no quiera estar con una mujer; es que muchas veces *no puede*. Por lo tanto, cuando una chica te da el espacio para vivir sin molestarse, sientes que está mejorando mucho tu vida".
2. "Me gusta la mujer que está callada todo el tiempo porque así no puedes estar seguro de lo que está pensando. Se ve más segura de ella misma, como que tiene el control sobre sí misma y sobre sus emociones. Quieres estar con una persona que piense antes de hablar".
3. "Algunas mujeres parecen estar a la defensiva o protegerse, y eso puede llegar a verse como inseguridad. Conocí a una mujer que me decepcionó antes de empezar a salir con ella. Estaba tan preocupada por *protegerse* que, durante nuestra primera conversación telefónica, me dijo lo que no iba a tolerar. Me hizo esta advertencia basándose en lo que le había ocurrido con el *último* tipo con el que había salido. Ni siquiera habíamos tenido nuestra primera cita y ella ya me es-

taba dando órdenes. Yo ni siquiera había infringido una regla de tráfico y ella ya me estaba sentenciando a muerte. ¡Todo lo que había hecho fue pedirle que saliera conmigo!".

4. "Salí con una mujer que me interrogaba. Me dio la impresión de que había sido lastimada por algo. De hecho, era más como si estuviera devastada. Ningún hombre quiere sentir que está pagando por los errores de algún otro".
5. "Salí con una mujer a la que le encantaba hablar y hablar. Cuando me dormía estaba hablando y cuando despertaba seguía hablando. Me di cuenta de que no lo hacía porque quisiera decirme algo, sino porque no se podía callar".

PRINCIPIO DE ATRACCIÓN # 65

Muchas mujeres hablan mucho porque están nerviosas; y eso es algo que los hombres suelen percibir como inseguridad.

6. "Una mujer con la que salí estaba realmente necesitada. Quería reafirmación constante acerca de todo. Su familia, sus amigos y su trabajo. Durante el sexo, me decía: '¿Sabes lo que me pasó hoy en el trabajo?' ¡Eso sí mataba mi ego!".
7. "La conversación es parte de la compañía, pero no lo es todo. Las mujeres hablan demasiado sobre sen-

timientos. Pero sentir que ya no tienes nada de qué hablar también es malo. Debe haber un punto medio".

8. "Una mujer intentó cambiarme. Intentó hacerme hablar más sobre mis 'sentimientos'. Mira, yo puedo resolver mis *propios* problemas".
9. "Cuando alguien intenta hacer que yo me abra y no quiero, no hay forma de que me saque información. Me cierro todavía más. No necesito que ninguna mujer me *ayude*".
10. "Nos sentimos felices cuando una mujer nos deja salir con los amigos sin ponerse de mal humor. Como, por ejemplo, si consigo entradas para un juego de hockey a última hora. Si ella está relajada aunque cancele la cita que teníamos, se gana mi respeto. Siento que ella está segura de sí misma y que le importan las cosas que a mí me hacen feliz".
11. "Tuve una novia que hablaba tanto que yo podía irme a otra habitación y ella seguía hablando. Un día estaba en el baño intentando tener un poco de privacidad y ella me seguía hablando por la ranura de la puerta. De verdad creo que algo en ella no era normal".
12. "Cuando un hombre tiene algo de qué hablar, termina en treinta segundos. Pero las mujeres siguen y siguen. Lo que a él le parece algo trivial, para ella es de vida o muerte. Después intentamos ayudar y decimos. 'Cariño, no importa', pero eso sólo empeora las cosas, porque ella piensa que a ti no te importa".
13. "Creo que la mujer que habla menos es más atractiva porque eso la hace más misteriosa. No es bueno que hable como loro. La comunicación debería ser de calidad y no de cantidad. Si una mujer está incómoda o molesta, él debería de ser capaz de sentirlo sin que ella tenga que decir una palabra".

PRINCIPIO DE ATRACCIÓN # 66

Para un hombre, hablar sobre sentimientos es como *trabajar*. Cuando está con una mujer, quiere sentir *diversión*.

14. "Una mujer a la que conocí, siempre quería que estuviéramos juntos. Intentó cambiar la forma en la que yo pasaba todo mi tiempo. Y todos los hombres tenemos nuestro momento especial o recreativo. Ella quería que yo hiciera cosas que no me interesaban. Si sabe que yo no soy del tipo 'artístico', me debería dejar ser como soy. No debería arrastrarme a museos o galerías de arte. Si el hombre trata bien a la mujer, pero no escribe poesía ni compra tarjetitas idiotas que expresen sus *sentimientos*, ella debe dejarlo en paz".
15. "No me importa que la mujer cambie la decoración de la casa, pero cuando se obsesiona por cambiarme a mí, me aburre. Quiero una mujer que tenga sentido de propósito en su propia vida, para que no utilice toda su energía intentando cambiar la mía".

Lo que puedes recoger de esta retroalimentación es que, sin importar lo mucho que una mujer quiera intimidad, no debe forzar al hombre a ella; y mucho menos intentar cambiarlo. Fíjate que en la última cita, el hombre llega a decir que *ella está perdiendo el tiempo*. Cuando una mujer empieza a hablar de una forma que parezca emocional, la mayoría de los hombres la van a desacreditar de inmediato y la van a ver como "parloteo femenino". Es esencial mantener tus pláticas cortas y al grano, si no él no va a escuchar ni una sola palabra.

Además, intentar constantemente forzar a un hombre a hablar sobre sentimientos o a que le ponga una inmoderada cantidad de atención a los tuyos es contraproducente. Aquí están las razones:

PRINCIPIO DE ATRACCIÓN # 67

Forzarlo a hablar sobre sentimientos todo el tiempo no sólo te hará parecer necesitada, con el tiempo hará que él te pierda el respeto. Y si te pierde el respeto, le va a poner menos atención a tus sentimientos.

Por lo tanto, si sientes que él te está ignorando, sé "tonta como un zorro". Cuando él ya no está satisfaciendo tus necesidades, retírate un poco y no le des explicaciones. Como vimos en el último capítulo, los hombres no responden a las palabras.

Las mujeres persiguen a los hombres intentando forzar conversaciones sobre sentimientos. Y como es predecible, ellos corren. Para que el niño regrese a mami, mami tiene que dejar de perseguirlo.

Sin embargo, si no le estás exigiendo, o persiguiendo o intentando infligirle "parloteo femenino cruel e insólito", él te va a respetar. Cuando mantienes tus demandas cortas y dulces y te retiras de una forma un poco misteriosa, te verás dignificada, y le va a poner mucha más atención a lo que sientes; sin palabras.

Las quince razones principales por las que los hombres "toman las cosas con calma"

Les pregunté a los hombres por qué escondían sus sentimientos, o "tomaban las cosas con calma". Les pregunté por qué muchas veces fingen que están tranquilos, son "machos" y hacen como que son más fuertes de lo que en realidad son. Lo hacen porque sienten que deben hacerlo, especialmente en lo que se refiere a las mujeres.

Muchas veces las mujeres se preguntan por qué los hombres tardan tanto en llamar por teléfono. Por ejemplo, un hombre te pide tu teléfono y después tarda seis días en llamarte. Después salen a una cita muy divertida y espera cinco días más antes de volver a llamar. Mientras tanto, ella se rasca la cabeza preguntándose: "¿De qué se trata?".

Los hombres están acostumbrados a ser rechazados por las mujeres, así que utilizan esta táctica dilatoria para mantenerse en guardia. Al principio, va a tener todo calculado. Va a ser racional y no "emocional", porque para él, parecer demasiado obvio o "emocional" será visto como una señal de debilidad. El martes se dirá: "Creo que la voy a llamar el jueves". La mayoría de los hombres no tienen ni la menor idea de que ella preferiría que la llamara el martes.

Entonces, ¿por qué lo hacen? Lo hacen por "salvar su dignidad" y para dar la impresión de que están "en control" de la situación. Un tipo atractivo llamado Steven me sorprendió con su candor. Él me dijo: "Tienes que acercarte a las mujeres haciendo como si no fuera lo que sueles hacer, y actuando como si no tuviera mucha importancia. En el minuto que parece que le das importancia, la mujer lo huele y te trata de forma diferente". Esta es la razón por la que *los hombres creen que las mujeres no respetan a los hombres que parecen débiles o vulnerables.*

Lo que puedes aprender de esto es lo siguiente: *No lo tomes personal* si no te llama por un día o dos. Con frecuencia cuando parece que te está rechazando un poco, puede ser un elogio disfrazado, tiene *tantas* ganas de conseguirte que no quiere que parezca demasiado obvio. Otras veces los hombres se retiran deliberadamente para ver cuál es tu reacción, pues sienten curiosidad por saber cuánto te importa. Si no me crees, sigue leyendo. Esto es lo que esos diablillos dijeron:

1. "Los hombres quieren que las mujeres piensen que tienen otras opciones, aunque no sea cierto; así que exageran. Lo hacen para parecer más atractivos ante ellas".
2. "Claro, los hombres toman las cosas con calma; porque piensan que así la mujer los va a encontrar más atractivos. Conozco algunos tipos que voltean a ver a una mujer que ni siquiera es tan guapa, sólo para que su novia se sienta un poco insegura".
3. "Los hombres no quieren admitir que una mujer pueda tener esa clase de control sobre ellos. Pensar que una mujer puede afectarnos tanto desinfla nuestro ego. No nos gusta sentir que no tenemos control sobre nosotros mismos".
4. "Tal vez no llame a una chica con frecuencia al principio, porque no quiero dar la impresión de estar demasiado ansioso".
5. "Los hombres son tan emotivos como las mujeres; sólo que no lo demuestran porque la sociedad dice que no deben hacerlo. Como hombre, tiene que parecer que estás en control de ti mismo".

PRINCIPIO DE ATRACCIÓN # 68

Al principio, lo único a lo que necesitas prestarle atención es si él sigue rondándote, pues sólo será capaz de esconder sus emociones durante un tiempo.

6. "Si ella actúa como que no le importa, te puede asustar. Las mujeres pueden deshacer a los hombres sin siquiera saberlo. ¿Qué pasa si una mujer pisotea a un hombre y después se va? Eso puede deshacerlo…".
7. "Si un hombre se está enamorando de cierta mujer, muchas veces intentará esconderlo. Pocos hombres se van a derrumbar y llorar por una mujer frente a ella".
8. "Claro que los hombres tomamos las cosas con calma… para hacer que las mujeres se interesen en nosotros. Queremos gustarles y no queremos que piensen que estamos ansiosos por obtenerlas. Si les muestras desde el principio que estás interesado, ellas piensan que estás desesperado".
9. "A veces, al principio, finjo ignorar a una mujer o no la llamo tanto para mantenerla interesada. Ningún hombre quiere parecer demasiado desesperado".
10. "Los hombres tienen más necesidades sexuales. Las mujeres pueden controlar sus impulsos, mientras que los hombres están controlados por ellos".
11. "Los hombres lo hacen para atraer a las mujeres. La mayoría de nosotros creemos que los chicos buenos llegan al último y que a cierto nivel las mujeres buscan un chico malo".

12. "Si pareces débil, las personas se aprovechan de ti. Algunos hombres creen que si te abres demasiado, la mujer va a usar eso contra ti".
13. "Si le dices a una mujer que no has estado con nadie desde hace algún tiempo, podría tener la impresión de que estás desesperado o de que intentarás estar con cualquier mujer.
14. "Las mujeres tienen el control, porque ellas controlan el sexo. De hecho, las mujeres tienen mucho más control del que ellas piensan. Muchos hombres sienten que esto nos pone en desventaja".
15. "Cuando el hombre se toma las cosas con calma, cree que está impresionando a la mujer con su poder o su fuerza. Sólo está intentando parecer sofisticado, hacer como que sabe lo que está pasando. Ningún hombre quiere que lo vean como niñito de mami o como un tonto".

PRINCIPIO DE ATRACCIÓN # 69

Los hombres tratan a las mujeres igual que tratan a otros hombres. Toman las cosas "con calma" porque no quieren parecer débiles o desesperados.

Las quince opciones masculinas principales sobre cómo mantener vivo el romance

Muchos hombres también me hablaron sobre cómo mantener viva la pasión, en especial los que estaban casados o lo habían estado. Durante esa parte de la entrevista, siempre sentí que era un juego de palabras. Yo decía "romance" y ellos pensaban en sexo. Yo decía "pasión", y ellos pensaban en sexo. Yo me refería a "nuevas experiencias", y ellos pensaban en sexo. Yo decía "variedad", y ellos respondían con la pregunta: "¿Estás hablando de sexo, verdad?" Por tanto, lo que los hombres quieren que las mujeres sepamos sobre cómo mantener viva la pasión, está relacionado con... ya lo adivinaste... ¡sexo! Es cierto que los hombres no suelen hablar de sentimientos, pero necesitan tener una conexión con la mujer de la que están enamorados, y para ellos es igual de importante mantener esa "chispa" mágica.

Si un hombre deja de tener sexo, empieza a dudar de su hombría, y comienza a cuestionar su capacidad de que alguien lo desee. No tiene que ver sólo con el acto físico.

1. "Un hombre siempre tiene que sentir que su esposa o novia lo desea. Necesitamos esa retroalimentación".
2. "Hagan algo diferente en la cama. Cualquier cosa. Mientras sea algo diferente a lo que estamos acostumbrados. El elemento sorpresa es excitante. Si siempre estás tú arriba, ponte de lado".
3. "Tarde por la noche solemos estar exhaustos. Las presiones diarias pueden quitarle la pasión a cualquier relación. Deben hacer tiempo para el otro. Salgan a cenar y consigan una nana si es necesario.
4. "Las personas usan la excusa del dinero, del tiempo, de estar con los niños, para dejar de tener intimidad o ya no ser románticos. Es muy importante mantener la pasión".

5. "A los hombres les gusta que la mujer sea creativa para que no se vuelva rutinario. Si ella es demasiado predecible porque habla sobre la relación todo el tiempo en vez de *tener* una relación, él se va a aburrir en seguida".
6. "Recientemente, mi esposa y yo empezamos a dejar a los niños con la familia una vez al mes y salimos los viernes o el sábado por la noche. Esto mantiene vivo el romance. Tenemos conversaciones adultas".
7. "Es fácil decir: 'No tenemos dinero para salir a comer'. O: 'No podemos ir de fin de semana'. Tal vez se estén acumulando las facturas o sientas que debes utilizar el dinero en los niños. Pero no debes dejar a un lado las cosas románticas o tu vida sexual. Eso también es importante".

PRINCIPIO DE ATRACCIÓN # 70

El elemento sorpresa, tanto dentro como fuera de la relación, es importante para los hombres y ayuda a la excitación.

8. "Cualquier cosa que sorprenda a un hombre añade excitación. Se trata de tener nuevas experiencias con alguien".
9. "Si siempre se está rechazando a un hombre en el plano sexual, con el tiempo se acabará la pasión. Los hombres quieren sexo por lo menos un par de veces a

la semana. Idealmente quieren tener una mujer a la que no se lo tengan que pedir".

10. "Sólo por una vez me gustaría que una mujer me tomara de la mano y me llevara a la habitación. Los hombres *siempre* tenemos que ser los *agresores*. Siempre tenemos que hacer todo el trabajo para que ellas 'se animen'. Algunas veces, los hombres quisiéramos no tener que trabajar tan duro".
11. "Me gustan las mujeres que toman la iniciativa sexual de vez en cuando. Tal vez no la primera vez, pero sí definitivamente cuando ya estás en una relación. Uno siente que lo desean más".
12. "Creo que estar separados por periodos cortos, aún cuando están viviendo juntos, ayuda a mantener el romance. Es importante poder hacer cosas solo y que ella no se enoje por eso. Cuando voy de pesca, me doy cuenta de que extraño a mi esposa. Y eso es bueno, ¿o no?".
13. "Algunas veces una mujer puede hacer que el hombre se sienta muy importante haciéndole preguntas o expresando interés en las cosas que le gustan. Pueden probar cosas juntos que no harían normalmente. Sugiero planear un fin de semana fuera que les apetezca a los dos".
14. "Los fines de semana pueden estar llenos de ocupaciones. Ser choferes de los niños o hacer quehaceres domésticos. Creo que hacer algunas cosas mundanas separados puede ayudar a mantener el romance. Algunas veces, por la mañana, yo puedo llevarme a los niños mientras ella hace las cosas de la casa, y después ella se lleva a los niños mientras yo hago ciertas cosas en casa. En las noches te la pasas mejor

estando juntos. No necesito ver a mi esposa trapeando los pisos con el pelo recogido por una cinta".

15. "Es reconfortante, cuando llevas cierto tiempo con una persona, poder hacer los mismos *tres trucos en la cama* que sabes que le gustan. Pero después de cierto tiempo se vuelve rutinario. Realiza cambios. No tiene que ser algo excesivo, sólo algo diferente a lo que haces normalmente".

PRINCIPIO DE ATRACCIÓN # 71

Dentro de la recámara, no hagas lo mismo una y otra vez. Varía para que no se convierta en una rutina predecible.

Las quince cosas principales que desaniman a los hombres

Hubo algunos comentarios misceláneos entre los hombres sobre cosas que los desaniman.

Algunas personas pueden pensar que esta sección se explica por sí misma, y para otras puede no ser tan obvio. En cualquier caso, como lo más probable es que tu hombre te diga estas cosas directamente, tal vez quieras tomar una pequeña nota mental de lo siguiente:

1. "La mujer siempre debe mantener la puerta del baño cerrada cuando está en el excusado. Yo creo que es

desagradable ver a una mujer sentada en él. Y, por cierto, no dejes toallas femeninas y cosas de ese tipo donde el hombre pueda verlas. Ni siquiera nos gusta ver en la televisión comerciales de duchas vaginales".

2. "Me desanima un poco una mujer demasiado materialista. Si se fija en qué tipo de zapatos uso o qué reloj llevo puesto, o en mi coche, me retraigo".
3. "Que una mujer sea celosa puede desanimar a un hombre. Una vez estaba en una cita y había una persona de pelo largo, rubio en el coche de al lado. Mi acompañante me acusó de estarla viendo y, ¡resultó que era un hombre!".
4. "El misterio es importante. Estaba hablando por teléfono con una mujer, era la primera vez que hablábamos y me dijo que pensaba ponerse a dieta para que pudiéramos tener relaciones sexuales. ¿Hace falta mucho para convencer a un hombre de tener sexo?".
5. "No me gustan las mujeres que no tienen una vida o un trabajo. O cuyo crédito es un desastre. O tuvieron un ex novio loco. Me gustan las mujeres responsables".
6. "Me gusta poder salir con una mujer que no me presione. Si el hombre tiene muchas presiones y ella lo presiona más, él se va a cerrar de inmediato".
7. "No me gusta que la mujer me deje quedar mal delante de otras personas. Si hago algo mal, quiero que me lo diga a solas".
8. "Cuando llegue, después de un largo día, déjalo que haga lo que quiera durante media hora. Reconoce su presencia, dale un beso y no lo ataques de inmediato con lo que tú necesitas".
9. "La mujer no debería dejar que un hombre sepa que está centrando su mundo completo alrededor de él.

Una vez una chica me dijo que se había pasado tres horas arreglándose para verme por primera vez. Me parece demasiado".

10. "El miedo de todo hombre es que después de la boda ella se corte el pelo, suba de peso y deje de vestirse de forma atractiva".
11. "Ninguna mujer que quiera una relación con un tipo medianamente decente debe emborracharse con él. Si estás bebiendo en casa y te pones un poco alegre, es una cosa. Si estás en un bar y empiezas a hacer el 'oso', eso es decepcionante. A nadie le gusta estar con un borracho".
12. "Nunca dejes que un hombre sepa que te pasaste el día en casa esperando a que él te llame, ni le digas que es tu vida entera. A él le gusta saber que hay otros hombres que quieren estar contigo, siempre y cuando no te estés acostando con ninguno de ellos".
13. "Cuando una mujer anda siempre detrás de ti, te va a desanimar. Recuerdo cuando las mujeres de los dormitorios femeninos de la universidad venían a los de los hombres. De cierta manera, parecían vacas que venían a pastar a nuestros terrenos. Era demasiado fácil".
14. "Estar con una mujer que te haga sentir que tienes que reportarte con ella es como tener un reloj checador de los que son para marcar la hora de llegada al trabajo. Eso te desanima instantáneamente".
15. "Una mujer nunca debe llegar por sorpresa, ni a casa de un hombre ni a su trabajo. Él pensará de inmediato que ella es del tipo *atracción fatal*".

Las quince razones principales por las que los hombres prefieren a una mujer intrépida

A las mujeres se les lava el cerebro casi desde el jardín de niños para que aprendan a ser *lindas*. Sólo piensa en la rima infantil que dice que las niñas están hechas de "azúcar y especias y de todas las cosas *bellas*". La cultura popular no anima a las mujeres a ser intrépidas, por lo tanto las mujeres tienen la idea de que ser buenas y agradables les da el boleto ganador. Es bueno ser linda. El problema viene cuando la mujer cree que tiene que serlo sin importar cómo la traten. Por lo general significa que la mujer es linda a expensas de ser abnegada.

Como has leído en estos capítulos, un hombre se va a sentir decepcionado por una mujer que *no* esté bien plantada en su terreno. Cuando leas las siguientes citas, el mensaje va a quedarte claro, ya que lo vas a estar oyendo directamente de los hombres: ellos, en secreto, se sienten excitados por las cabronas, o por una mujer que sepa cuidarse sola. En este punto estamos llegando a la parte medular del "Libro secreto de jugadas del otro equipo". Aquí es donde los hombres –en sus propias palabras– nos revelan por qué se sienten atraídos hacia las cabronas. Este es uno de sus secretos mejor guardados.

1. "Es excitante hacerle una broma a una mujer y que ella te la devuelva a ti".
2. "Me gusta que la mujer me ponga en mi lugar. Si me estoy comportando como un idiota y ella me lo hace notar, hace que la respete".

3. "Las cualidades infantiles en nosotros [los hombres] hacen que queramos aprovecharnos. Es bueno saber que la mujer que amas no se va a dejar".
4. "Sí. Lo admito. Algunas veces yo soy el que inicia una pelea con mi esposa. No es que quiera hacerle pasar un mal rato deliberadamente; es que algunas veces he tenido un mal día y la desdicha ama la compañía. El que me ponga en mi lugar hace que la respete".
5. "Me gusta que la mujer no juegue juegos. Su seguridad me dice que ella debe saber algo que yo no sé. Entonces me digo: 'Oye, ella debe valer la pena'".
6. "Cuando una mujer es siempre muy dulce y buena, la relación puede volverse monótona".
7. "Si un hombre cree que una mujer es tonta, no va a tomarla tan en serio porque no respeta sus opiniones. Si ella es lista y parece saber lo que hace, me halaga que quiera estar conmigo. Me siento valioso".

PRINCIPIO DE ATRACCIÓN # 72

La mayoría de los hombres tiende a faltarle al respeto a la mujer que parece demasiado maleable.

8. "Cuando intentas salirte con la tuya en algo que sabes que está mal, y la mujer te dice: 'No tengo tiempo para esas cosas', puede ser excitante. Depende de la situación, pero me gusta que la mujer tenga la integridad de mantenerse firme en lo que cree".

9. "Me parece muy sexy cuando tiene ese *sabor* especial. No tiene miedo de estar en desacuerdo ni de decirme lo que piensa. No me da por mi lado todo el tiempo y eso hace que me mantenga con los pies en el piso".
10. "Ella no me dejaba salirme con la mía sin decirme lo que pensaba. Yo me quejaba todo el tiempo, pero admito que era excitante".

PRINCIPIO DE ATRACCIÓN # 73

No temas decir lo que piensas o defenderte. No sólo ganarás su respeto. En algunos casos hasta se sentirá excitado.

11. "Me gusta que la mujer me ponga en mi sitio cuando me lo merezco. Lo sexy es que la mujer se sienta cómoda con su propio poder. O que no sea tan tímida o no le dé miedo remover las aguas".
12. "El hombre respeta a la mujer que no tolera que la traten mal".
13. "Yo trato a las mujeres como iguales, así que me gusta competir de forma divertida con mi propio ingenio. Me gusta que la mujer me desafíe de una manera divertida bromeando conmigo, o con su sentido del humor. Puede ser competitiva de una forma juguetona".
14. "Realmente me gustan las mujeres con un poco de temperamento. Porque así sé que no me va a dejar aprovecharme de ella. El orgullo es sexy".

15. "La mujer intrépida es sexualmente estimulante. Asumes que ella es más salvaje. Con la chica buena, tienes miedo de que se vaya corriendo a casa y le cuente a su mami lo que le hiciste".

PRINCIPIO DE ATRACCIÓN # 74

Los hombres asumen casi automáticamente que una mujer más cabrona va a ser más asertiva en la cama, y que la chica buena va a ser más tímida.

Las diez formas principales de saber cuándo un hombre está enamorado

Como los hombres son muy buenos para esconder la forma en que se sienten, las mujeres suelen preguntarse con frecuencia cómo saber si el hombre está enamorado de ella o sólo se está "dejando llevar por la corriente". Esto es lo más importante que debes recordar cuando te hagas esa pregunta: Si tienes que estar pensando en si te ama, y ya llevan mucho tiempo juntos, tal vez te estés conformando con menos.

Lo que los hombres compartieron conmigo es que muchas veces lo más significativo son esos pequeños detalles que ellos tienen con una mujer.

1. "Sabes que un hombre está enamorado cuando un lunes por la noche ella dice: '¿Por qué no hacemos tal

cosa?', y él lo hace. Está enamorado cuando él la empieza a poner por encima de sus amigos con regularidad".

2. "Cuando él parece estar loco de contento. De repente es muy feliz y se ve diferente. Cuando de repente les parece más vivo a sus amigos y familiares".
3. "Sabes que un hombre está 'hasta el fondo' cuando deja que su chica tenga cosas femeninas en su casa. De repente, está orgulloso de tener una decoración femenina. Empieza a comparar los muebles que le gustan a ella. Y la deja tener tampones bajo su lavabo. La quiere en su vida de todas las formas posibles".
4. "Él empezará a cuidarse más y a pensar a largo plazo. En lo financiero, lo físico y en todo lo demás".
5. "Hará cosas que antes no hacía (por ella). Saldrá corriendo a verla. Si ella tiene un antojo, saldrá de la cama a comprarle una dona a media noche".
6. "A los hombres les gusta la variedad hasta que se enamoran locamente. Si de verdad quiere a una mujer, no importa a cuál otra pueda tener porque quiere estar con *ella*. Las otras mujeres no son una amenaza cuando él está enamorado. Muchas tentaciones desaparecen cuando caes redondo".
7. "Cuando él piensa en ella todo el tiempo, cuando tiene detalles con ella o cuando siempre está pensando en cómo complacerla".
8. "De repente, él siente que puede dejar de buscar a alguien más a la vuelta de la esquina".
9. "Cuando no le importa hacer por ella algo que no es lo suyo . Él nunca había pensado tener hijos o casarse, pero por esta mujer está dispuesto a hacer todo lo anterior".
10. "Ella no tendrá que preguntar; lo sabrá en su corazón".

PRINCIPIO DE ATRACCIÓN # 75

Cuando un hombre se enamora, de repente hará cosas que antes no hacía, sin darles importancia. Hará cosas por esa mujer que no habría hecho por nadie más.

Muchos de los consejos de este libro se basan en las cosas que los hombres admitieron frente a mí. En un punto, le pregunté a un médico llamado George por qué no compartía su información secreta con su compañera. Él me contestó: "Porque contigo no hay consecuencias. Pero ante ella *sí* las habría". La consecuencia de la que George habla es una pérdida de poder para los hombres. En otras palabras, *la atracción que un hombre siente por una mujer intrépida o cabrona es, rara vez, algo que él quiera que ésta sepa*.

Sabía que la información que los hombres me estaban dando no sólo era verdadera sino que también estaba muy cargada, porque tenía cierta cualidad de "secreto". Los hombres solían pedirme que no utilizara sus nombres porque decían que otros se sentirían traicionados por lo que ellos habían revelado.

Obviamente, es útil saber cómo piensan los hombres. Pero la intención de la información de este capítulo no es darte formas de trabajar más duro para aplacar a un hombre. La chica buena lo hace, con defectos. Si tiene dos huevos en una sartén, ella se queda el que tiene la yema rota y le da a él el que está entero. La chica buena no tiene ni idea de por qué el dar demasiado se vuelve contra ella cuando lo hace con regularidad. No se da cuenta de que se envuelve tanto en él que se pierde a sí misma, y en el proceso, se arriesga a perderlo a él también.

Vuelve a leer las listas de los quince puntos principales de este capítulo una y otra vez, pero no tomes esa información y trabajes *más* para complacerlo. En vez de trabajar tanto para él, trabaja más para complacerte a ti... pues al final, esto es lo que en realidad lo complace.

8

MANTÉN TU COMPROBANTE

Rosa

Las razones por las que mantener tu independencia financiera te da poder

"La elegancia no consiste en ponerse un vestido nuevo."

— COCO CHANEL

Independencia financiera: ¿Quién tiene tu factura?

Hay un aspecto sobre mantener tu independencia en una relación que no se puede pasar por alto: el dinero. Muchas mujeres sueñan con tener un caballero de brillante armadura que pague todas sus cuentas. La parte que no muestran es lo que pasa después de que el príncipe encantador te rescata. Si él paga todas las cuentas del castillo, él también será quien dé las órdenes. Es entonces cuando la princesa deja de sentirse como tal y comienza a sentirse como una sirvienta.

Este capítulo explora lo que sucede cuando entregas tu "comprobante rosa" y la capacidad de mantenerte a ti misma.

PRINCIPIO DE ATRACCIÓN #76

Nunca te respetará como un ser independiente a menos que tengas estabilidad financiera.

Cuando tienes la factura de un vehículo, tú eres su propietaria legal y también tienes el "comprobante rosa", o el certificado de propiedad. En algunos lugares, tener el "comprobante rosa" significa que te despidieron del trabajo. Sin embargo, el significado aquí se refiere a la propiedad de un vehículo. Cuando tienes el comprobante rosa, significa que no hay gravámenes. No se debe dinero. No hay deudas sin pagar.

Significa que te *pertenece totalmente*, así que puedes hacer lo que quieras con él. De la misma forma, cuando la mujer tiene el comprobante rosa de sí misma, gana influencia en la relación.

Esto es lo que muchas madres les dicen a sus hijas: si una mujer abandona su independencia y se vuelve dependiente de un hombre en cuanto a las finanzas, tendrá menos opciones en su vida. Acabará al servicio de otra persona. Estará *a merced* de alguien más. Por esto es que una mujer debe mantener su independencia, su "comprobante rosa" y la propiedad total de *sí misma*.

Trabajo = Dinero = Mantener tu comprobante rosa = La capacidad de escoger la forma en que quieres que te traten = Dignidad

En lo que las madres pueden explayarse o no es en cómo se siente un hombre cuando tiene que ser el soporte financiero de ella. Pronto siente que tiene una responsabilidad añadida en vez de una ventaja. En ese punto, él dejará de verla como un privilegio con quien estar.

Esto no se aplica a mujeres que estén criando hijos. Cuando hay una familia de por medio, sin duda ella estará haciendo su parte… y más. Él no la verá como peso muerto, porque sabe que su trabajo muchas veces puede ser más pesado que el de él. En ese caso un padre reconoce que prefiere su trabajo al de ella, y lo único que siente es *respeto* por su trabajo.

Mientras tengas los recursos para escoger tus condiciones, mantienes tu comprobante rosa y mantienes tu poder. Si decides marcharte, siempre puedes llenar una maleta y salir. Esta misma independencia hace que él *no quiera que te vayas*.

Toda la "osadía", o la "sensualidad" o la actitud de cabrona de este mundo no cambiarán la conciencia de un hombre de que no puedes mantenerte independiente con respecto a tu forma de ganarte la vida.

Una vez que entregas ese comprobante rosa, él se siente atrapado, porque te convertiste en una responsabilidad y no en un privilegio. Y siente que eres algo a lo que está atado. Tiene que proveer alimentos para dos, casa para dos y pagar todas las cuentas de los dos. No tarda mucho en sentir la presión añadida y la doble responsabilidad de cargar con otra persona más.

La cabrona suele mantener su independencia y contribuir a la relación de alguna manera debido a que su orgullo no le permite que alguien más la vea como una carga. Y no se pone en una posición en la que no pueda *hacer lo que quiera*, cosa que hará cuando sienta que no la están apreciando lo suficiente.

Es importante que le hagas saber a él que pones tu dignidad por encima de todo lo demás, aunque estés saliendo con un hombre que tenga mucho éxito. Él debe sentir que, si te trata mal, empacarás y te irás sin dudarlo, de su mansión a un departamento de una habitación. Tiene que sentir que conducirías un coche austero y no un Mercedes-Benz, si se trata de tolerar faltas de respeto. Él tiene que saber que dejarías un estilo de vida cómodo antes de aceptar que te maltraten o no te respeten.

Por lo general, eso se puede demostrar con acciones, pero a veces puede expresarse con palabras. Por ejemplo, pongamos por caso que estás viendo en la televisión la película *The Burning Bed* (El lecho ardiente) en la que Farrah Fawcett hace el papel de una mujer maltratada, quien casi en cada escena tiene un ojo morado. Puedes usar esta película como un "momento tierno y amoroso" para expresar la fuerza de tu cariño a tu hombre, mientras comen palomitas. Sencillamente voltea y velo a los ojos y dile: "Antes que eso me iría a cocinar hamburguesas a McDonalds".

PRINCIPIO DE ATRACCIÓN # 77

Tienes que demostrarle que no aceptarás maltratos. Entonces mantendrás su respeto.

Cuando un hombre se enfrenta a una mujer que es independiente, está demasiado ocupado intentando ser bien recibido como para aburrirse. Pero con una mujer que dependa de él en lo económico, piensa que puede disminuir sus atenciones y que ella se va a aguantar. Aun si no es del tipo de los que maltratan mujeres, se va a aburrir si siente que ella va a aceptar cualquier cosa que él diga.

No tienes que ser rica; sólo debes mantener la capacidad de hacerte cargo de ti misma. Esto se relaciona directamente con que él sea respetuoso en todo momento. No se trata de que pague una cena porque tengas hambre. Tendrá que darte un regalo que él quiera darte y tú quieras aceptar. Y así los regalos seguirán llegando.

Jeanette me contó cómo la había hecho sentir su ex marido cuando él era el único que trabajaba. Ella recordó:

> *Él era cirujano y ganaba mucho dinero. Pero durante cuatro años yo ni siquiera tuve un abrigo. Sentía que no podía justificar gastarme doscientos dólares en un buen abrigo cuando yo no estaba ganando el dinero. Así que usaba chamarras que tenía desde la preparatoria, o tomaba prestados sus abrigos. En el momento que conseguí un empleo de medio tiempo, me sentí mucho mejor conmigo misma.*
>
> *No sólo porque ya podía comprarme cosas, sino porque no tenía que pedirle para todo.*

Si puedes cuidar de ti misma, todo lo que él te dé se vuelve sólo salsa. Él no está proporcionando toda la carne. Los cuatro platos completos. Él no te proporciona los medios para subsistir.

PRINCIPIO DE ATRACCIÓN # 78

Mantienes tu comprobante rosa cuando puedes mantener tu independencia con o sin él. Él nunca debe sentir que te tiene totalmente a su merced.

Susan B. Anthony* dijo: "Nunca sentí que pudiera dejar la libertad de mi vida para volverme ama de llaves de un hombre". Lo importante no es si la mujer es el ama de

*N. de la T. Susan B. Anthony, activista estadounidense que pedía el voto para la mujer y la liberación de los esclavos.

llaves de un hombre o si lleva a casa "el mismo dinero que él". Y tampoco se trata de si se queda en casa a criar a los hijos, porque ése es un trabajo más duro. La variable es ésta: si una mujer *tiene los recursos o la capacidad de irse cuando se quiera ir*.

Cuando un hombre mantiene a una mujer totalmente, hay dos cosas que pueden suceder:

1. Él comenzará a sentirse "encerrado", o atrapado en una situación sin salida.
2. Empezará a verla como una niña pequeña.

PRINCIPIO DE ATRACCIÓN # 79

Cuando un hombre ve a una mujer como una "niña pequeña" o como a una hermana que tiene que cuidar, su pasión disminuye. Él no quiere hacer el amor con su *hermana*.

Te repito, el hombre quiere una mujer fuerte, no una niña indefensa. Sexualmente, esto tiene un impacto sobre su libido.

Conozco una pareja en la que el marido, Michael, es quien gana el pan. No tienen hijos y él lleva todo el peso financiero. Cada vez que su esposa, Nancy, llega a la casa con un nuevo par de zapatos, él le da el sermón de "los dos pies".

El sermón de los dos pies

"Sólo tienes dos pies. ¿Para qué necesitas tantos zapatos? El año tiene 365 días. Tú tienes 100 pares de zapatos. Eso significa un par por cada 3.65 días. Yo tengo unos zapatos casuales, unos tenis y dos pares de zapatos para ir a trabajar. ¿Para qué necesitas tantos zapatos? ¿Ves los zapatos que traigo puestos? Los he utilizado todos los días durante los dos últimos años. No lo entiendo. ¿Para qué necesitas tantos zapatos?".

Si ella trabajara, ¿le daría él ese sermón? No lo creo. Pero si el hombre paga todas las cuentas, el "dinero sale por la puerta y el amor por la ventana". Sería mejor que ella fuera mesera de una cafetería un día a la semana, y él ya no diría ni una sola palabra. Ella se pondría sus zapatos nuevos, se pavonearía frente a él, y no tendría que explicarle "nada a nadie".

PRINCIPIO DE ATRACCIÓN # 80

La capacidad para decidir cómo quieres vivir, y la capacidad de escoger cómo quieres que te traten son las dos cosas que te darán más poder que cualquier otro objeto material.

Cuando él te ve como una niña pequeña, puede hacer cosas que demuestren que te perdió el respeto. Puede asignarte una "mesada" o decirte cuánto dinero puedes gastar. O decirte lo que no puedes comprar. Todas estas restricciones reflejan tu pérdida de libertad y la pérdida de la capacidad de hacer tus propias elecciones. Y esto es importante porque:

- La capacidad de seguir pensando por ti misma es lo que mantiene su interés y el desafío mental.
- La capacidad de hacer tus propias elecciones en la vida es tu herramienta más importante. Es lo que te da el poder.

PRINCIPIO DE ATRACCIÓN # 81

En cualquier tipo de relación, si una persona siente que la otra no está poniendo nada en la mesa, él o ella empezará a faltarle al respeto a la otra persona.

No sólo te dirá lo que puedes tener; con el tiempo el hombre que paga todas las cuentas empezará a decirte lo que te gusta y lo que no te gusta. No te pedirá tu opinión, te dirá cuál debe ser tu opinión. Esto hace que él pueda tratarte como a una muñeca Barbie que puede controlar. Y después sucederá lo siguiente:

- Empezará a pensar que él tiene el derecho de decir la última palabra.

- Actuará como si él impusiera la ley.
- Tendrá control sobre tu felicidad.
- Te va a tratar como si él fuera el jefe y tú un subordinado.
- Puede ofrecerte ayuda bajo sus condiciones, y tú tendrás que mantenerte a raya.

Repito, no se trata de saber si él paga la mayoría de las cuentas, se trata de saber si puedes seguir siendo independiente, si las cosas son parejas. Así él no tiene el título, sólo estará rentando con opción a compra. Se puede sentir como el "jefe de la casa". Recuerda que se debe sentir como el gran amo de su hábitat y de sus dominios, pero nunca debe sentir que tiene la llave de tu soporte económico.

La capacidad de velar por ti misma te asegura que todo lo siguiente permanezca intacto:

1. El desafío mental
2. El respeto
3. La duración de la relación
4. El deseo sexual.

Veamos un caso. Roxanne, quien podría ser descrita como una "cazafortunas", vivía con Kent en su propiedad de Malibú. Conducía un Mercedes-Benz y solía ir de compras con regularidad a Rodeo Drive. Su supervivencia, su modo de vida y su existencia completa dependían de Kent, un hombre que realmente no le interesaba. Aunque en la superficie parecía que ella lo tenía todo, había cedido totalmente su comprobante rosa.

Un día, pasé por Roxanne para ir a un almuerzo. Antes de salir, abrió un cajón y sacó algo de dinero, y me dijo que tenía que pasar a hacer un rápido depósito en su cuenta.

Escribió un cheque por 200 pesos y me dijo: "Kent me permite mantener mi orgullo. Me deja dinero en un cajón para que yo no se lo tenga que pedir".

En este ejemplo, no había orgullo que "mantener". El orgullo es... tener tu propia chequera. Sólo hay una cosa mejor que "Con cariño", y ésa es: "Páguese a la orden de".

En el ejemplo anterior de Roxanne, no hay duda de que el problema era financiero. Kent llegó a sugerirle que buscara un empleo de medio tiempo. Él le dijo: "Te respetaría más si tuvieras un trabajo". Pero ella nunca hizo el esfuerzo de conseguirlo. Y dos semanas después, estaba empacando a lágrima tendida sus maletas de Gucci.

Ser una cazafortunas nunca deja nada bueno, como se evidencia en los titulares de los periódicos. De hecho, las cazafortunas acaban de sufrir un revés aún mayor: el Viagra. Ahora trabajan el doble por la misma paga. Y sin seguro odontológico.

Todo lo que una mujer debe hacer para equilibrar la relación es pagar una cuenta electrónica con su propio dinero o traer comestibles a casa cada cierto tiempo. Cualquiera de estas cosas expresa su gratitud; y así el hombre acepta pagar por todo lo demás. Él no tiene que sentir que la cosa esté equilibrada, sino sólo que sea recíproca.

Otra mujer que conozco, Michelle, vivió con un hombre durante cuatro años. La mayor parte de ese tiempo él pagó todas las facturas y nunca se quejó de que ella no tuviera ninguna entrada. Entonces, ella heredó algo de dinero. Tenía más de un millón de pesos parados en una cuenta de ahorros. En ese punto, él le pidió que le ayudara a pagar algunas cuentas, pero ella no quiso.

Él no le pidió que se hiciera cargo de todas las finanzas, ni siquiera de la mitad. Sólo le pidió que contribuyera. Los intereses de su capital hubieran sido más que suficientes para pagar unas cuantas facturas. De todas maneras, Michelle siguió insistiendo en que ese dinero era para su "retiro".

Poco tiempo después, él se "retiró" de la relación, y ella se fue de ahí. Entonces se vio obligada a pagar muchas veces una cantidad de dinero para cubrir sus gastos. Lo correcto hubiera sido contribuir de acuerdo con sus posibilidades. También hubiera sido lo que más le convenía financieramente. Pero el punto no es puramente económico. La relación hubiera tenido más probabilidades de funcionar si ella hubiera equilibrado las cosas contribuyendo.

PRINCIPIO DE ATRACCIÓN # 82

Necesitar a alguien en lo económico no se diferencia de necesitarlo en lo emocional; en ambos casos, él puede sentir que tiene el control completo sobre ti.

Un hombre llamado Benji, que se convirtió en millonario, me describió su perspectiva: "Algo que un hombre de éxito aprende muy rápido es que las mujeres son atraídas por su dinero. Ellos se dan cuenta de que las mujeres pueden formar fila detrás de un hombre que tenga los bolsillos llenos. Todo lo que tiene que hacer es mostrarles que es rico, que maneja un buen coche y que tiene una casa bonita. Y se forman como patitos".

Lo reconozco, hay muchos hombres adinerados a los que les gusta tener una mujer de adorno o una muñeca Barbie entre sus brazos, a quien esperan ver graduarse entre las apreciadas filas de "Esposa de Stepford"*. Pero este hombre no es una "presa de calidad", y esta mujer no tendrá el "poder para quedarse". En una relación así es mucho más fácil que él cambie a su mujercita desvalida y "sucia" por un modelo nuevo porque la ve como a un juguete. Lo que un hombre de calidad busca para "quedarse", es una mujer fuerte. Quiere una compañera a quien respetar y alguien a quien valga la pena cazar: un igual. Él puede ser el que pague casi todo y ella puede ser madre de tiempo completo; pero está contribuyendo. En otras palabras, ella "no acepta sobornos" y tiene los pies en la tierra. Esto significa que está ahí porque quiere.

PRINCIPIO DE ATRACCIÓN # 83

Sin importar lo bella que sea una mujer, su aspecto por sí solo no va a mantener el respeto. Su apariencia puede acercarlo a ella, pero es su independencia la que lo va a excitar.

La dignidad y el orgullo no tienen nada que ver con sacar dinero de un cajón, un saco o una billetera. No se trata de que te den una tarjeta de crédito o de que puedas ir por dinero a un cajero automático. Si tienes ingresos, por pequeños que sean, puedes:

1. Vivir bajo tus propias reglas.

*N. de la T. Por la película llamada *Stepford Wives* [Las mujeres perfectas], en la que todos los hombres de un pueblo tenían esposas perfectas que resultan ser robots.

2. Moverte a tu ritmo, en vez de bailar al ritmo de alguien más.
3. Decidir cómo quieres que te traten.
4. Escoger lo que vas a tolerar o no.
5. Irte si no obtienes lo que quieres.

Todo lo que hay en esta lista es precisamente lo que la cabrona valora más. Ella mantiene su poder todos los días. Y, como dijo Henry Kissinger: “El poder es un gran afrodisíaco”.

Dinero sin sentimientos

Mientras hacía las investigaciones para este libro, me sorprendió darme cuenta de que, hablando en general, a los hombres no les importa pagar la cuenta en una cita. Lo que les importa es el sentimiento avasallador de que las mujeres actúan como si tuvieran derecho a ello; o como si lo esperaran.

Cuando te comportas como si estuvieras esperando algo, haces que un hombre se sienta poco apreciado. Si él paga, siempre es mejor ayudarlo a darse cuenta de que notaste que lo hizo por agradarte, y que estás agradecida.

Una y otra vez, los hombres me expresaron su frustración con las mujeres que no son agradecidas y con las que esperan automáticamente que el hombre pague. Hay algunas mujeres que, aunque sea el cumpleaños de un hombre, salen con él y esperan a que pague. Hubo muchos hombres que cuando los entrevisté para este libro, me contaron historias de cumpleaños o días festivos en los que su pareja seguía esperando a que él pagara la cuenta.

En un caso, cierta mujer invitó a varias personas a una fiesta de cumpleaños y esperaba que "el chico del cumpleaños" pagara por todos. Llegó la cuenta y la gente empezó a sacar sus carteras.

"No, no, chicos. Marc va a pagar", dijo la mujer. (No es necesario decir que Marc no estaba contento.) Lo que lo hizo sentirse poco apreciado fue la expectativa automática de ella de que él iba a pagar.

Lo mismo sucede con las flores y los regalos. ¿Te muestras emocionada y agradecida, o sólo murmuras un gracias y vas a poner las flores en agua? Si él te lleva un ramo de flores marchito que le costó 30 pesos en el supermercado, tranquilízate. Sólo murmura un gracias, sonríe y ve a ponerlo en agua.

Si te da un regalo, no le salgas con que siempre tienes que ir a cambiarlo, porque va a dejar de traerte pequeñas muestras de afecto. Si puedes, cámbialo por algo similar, y después dile que es el que él te compró. Dile: "¿Puesto se ve diferente, verdad?". (Él nunca va a notar la diferencia.)

Si quieres que te dé una joya, nunca digas las palabras "casa de empeños". Si alguna vez empeñaste joyería que te hubiera dado un ex novio o ex marido, nunca le reveles esa información al hombre con el que estás saliendo.

El reconocimiento es muy importante para los hombres. Uno que conozco, John, terminó su relación con Kate, la mujer con la que estaba saliendo, porque sintió que ella no estaba agradecida por un regalo que él le había dado. Un día, en su casa, ella le pidió que le ayudara a cambiar una televisión vieja a otro cuarto. Para ella tenía un valor sentimental porque había sido un regalo de su padre. Sin la menor intención, a él se le cayó la televisión y se rompió. Esta es su descripción de lo que pasó: "Me sentí tan mal que fui a comprarle un centro de entretenimiento valorado en

26,000 pesos que tenía una televisión increíble y un equipo de sonido. Una semana después invitó a unos amigos que le dijeron: '¡Qué bonita televisión!', a lo que ella contestó en un tono sarcástico: 'John rompió la otra'. Por poco me caigo de mi silla". John salió de su departamento esa noche y nunca más regresó.

Como los hombres no están condicionados a expresar sus emociones, las mujeres, algunas veces, asumen que cuando ellos gastan su dinero es porque no les importa o porque no tenían que ahorrarlo para nada. Si un hombre te da algo, muéstrale el respeto que se merece agradeciéndole su bondad. Si quieres que te trate bien, debes *animarlo* haciéndolo sentir importante y especial cuando haga algo generoso o cortés. De otra forma, no le estarás dando un incentivo para que lo vuelva a hacer.

Vinnie, quien es generoso por naturaleza, habló de una mujer llamada Shawna quien ordenó langosta cuando fueron a un restaurante caro. Él dijo: "No me importó que ordenara la langosta, pero sólo la picoteó; y después me dijo: 'Es que no tenía mucha hambre'. Eso me molestó".

De nuevo, el tema es si actúas como *si esperaras o sintieras que te mereces lo que él te dé*, o si aprecias su generosidad y bondad. A muchos hombres les encanta sentirse los proveedores, siempre y cuando *se sientan apreciados por lo que dan*.

Si te abre la puerta, hazle saber que también admiras eso. Cuando siente que admiras su hombría y su fuerza física, él se siente recompensado. Ésta es la forma en la que lo fortaleces.

El dinero también puede ser un barómetro que mida las intenciones de un hombre. Una conocida mía, llamada Carla, salió con un hombre llamado Guy, que le dejó muy claro que no podía gastar dinero en citas. Guy siempre le daba explicaciones elaboradas de por qué no podía pagar.

Cada vez que salían, pagaban entre los dos. Sin embargo, él insistía en que fuera justo y parejo. Sin excepción.

Un día Carla acompañó a Guy a un bar con muchos de sus amigos. Para su sorpresa, él no puso reparos en invitarle a sus amigos bebida tras bebida. Pagó dos rondas en veinte minutos, dejando 800 pesos en bebidas sin pensarlo dos veces. "¿Mesera? Mi amigo Steve quiere otro té helado Long Island." Esa misma mañana él le había pedido a ella que pagara 70 pesos por unos huevos revueltos con tocino.

No hace falta decir que esto le demostró a Carla que Guy no apreciaba su relación lo suficiente, así que dejó de salir con él. Por lo general, cuando un hombre insiste en pagar las cuentas a medias durante las primeras citas, te está mostrando, desde el principio, que no valora la relación.

Lo admito, algunas mujeres se niegan a que un hombre les abra una puerta o les pague la cuenta. Ellas rechazan que "les paguen". La cabrona no tiene problemas con que la traten bien, así que deja que el hombre le dé; y se permite recibir. La chica buena que no se permite que la inviten a una cena, muy en su interior siente que no quiere quedar obligada hacia un hombre y sabe que lo estará si él paga la cena. La cabrona no tiene ese complejo. Ella agradece de manera cortés, y en ningún momento se siente culpable u obligada. Ni se siente comprometida.

Si es un estudiante o tiene problemas financieros pero quiere impresionarte, va a sugerir hacer algo menos costoso, algo que no le cueste nada. Puede comprar una botella de vino barato y llevarte a un parque precioso a compartirlo sobre una manta. O puede conseguir boletos para un estreno de cine. O puede invitarte a una fiesta. Si está totalmente loco por ti, no te va a dejar pagar la cuenta ni te pedirá que pague cada quien lo suyo.

Conozco a una doctora llamada Susie que estaba viviendo con un hombre, George, quien también era médico. Ella se acababa de graduar y estaba haciendo su residencia, así que su salario era menor al de una enfermera de medio tiempo. Por otra parte, George era un cirujano establecido y tenía unas entradas considerables.

Vivían juntos en una casa en Hollywood Hills, que estaba casi totalmente pagada; pero él insistía en que Susie pagara una cantidad de dinero considerable por una "renta". También pagaban todo a la mitad: comida, luz, y lo demás, con excepción de la arena y la comida del gato, que Susie tenía que comprar (porque el gato era suyo).

PRINCIPIO DE ATRACCIÓN # 84

Cuando un hombre está muy preocupado porque no quiere que se aprovechen de él, es una señal de que está viendo "qué puede sacar".

Aunque George ganaba cinco millones de pesos al año, casi todo el ingreso disponible de Susie se iba en pagar los préstamos estudiantiles. Compara los gastos relacionados a continuación con los ingresos de los dos:

- Ingresos de él: $5,000,000
- Ingresos de ella: $275,000
- Cada uno paga: $275,000
- El gato no paga renta

En este ejemplo, George gana veinte veces lo que gana Susie, pero ella paga la mitad de las cuentas. Además, los depósitos de renta transferidos desde el "Banco de Susie" le sirven a él para pagar *su* casa. ¿Qué prueba esto? Que hasta una mujer brillante y educada como Susie puede ser *demasiado buena*.

La parte financiera de una relación debe basarse en un intercambio. Ninguna persona debe dar todo. Si él te está llevando a una obra de teatro o a un ballet caro y no tienen tiempo para ir a cenar porque a él se le hizo tarde en la oficina, pide comida china y tenla lista para cuando llegue a recogerte. Si te lleva a cenar, compra unos boletos para el cine de regreso del gimnasio y sorpréndelo con ellos.

Si te invita a salir y quiere que tú planees la cita, toma en cuenta *sus* preferencias y las tuyas. Por ejemplo, Linda insistió en que su novio, Benny, la llevara a ver una obra de teatro. Benny es un "hombre entre los hombres" y odia el ballet y el teatro. Aún así, ella insistió en que quería ir. Él describió esa noche: "Le di mi tarjeta de crédito y ella compró los boletos y me rentó un esmoquin. Y, ahí estoy yo, sosteniendo unos afeminados binoculares pequeñitos con un asa larga de un lado. Era una afrenta a mi hombría. No podía creer que me había gastado una fortuna y después me pasara el tiempo contando los minutos para que terminara. Fue la última vez que la dejé planear algo con mi tarjeta de crédito".

Cuando un hombre te pide que vayas de viaje con él, sé considerada. Si se ofrece a pagar y te pide que hagas las reservaciones, consulta el precio de varios hoteles y déjalo decidir. A los hombres les encanta sentir que están "a cargo" y que su opinión cuenta. (O por lo menos creerlo.) Si él paga el viaje, sorpréndelo pagando un desayuno en la habitación. O llévalo a cenar para agradecerle.

Cómprale una camisa de colores si van a ir a algún sitio tropical o un suéter caliente si van a ir a esquiar. Te repito, se trata de que le demuestres que lo respetas por lo que te da. Los hombres, al igual que las mujeres, no quieren sentirse conquistados.

Lo mismo sucede si te da un regalo. Si te da algo, actúa emocionada; aunque esté horrible. "¡Me encanta!". A una amiga mía, su esposo le dio una camiseta. Parecía una mezcla entre pintada y estampada, y estaba tan espantosa que hasta asustaría a los niños pequeños. Aunque no le gustó nada, se la ponía cuando él estaba en casa, sólo para hacerlo sentir bien.

Con frecuencia, las mujeres que son muy buenas pecan por dar demasiado. Dan hasta el cansancio. La mujer que es demasiado buena siente que él "la necesita" y corre en su ayuda como si fuera una misionera de la Cruz Roja, y da ciegamente.

Por ejemplo, Abby se casó con un italiano llamado Franco para ayudarlo a conseguir sus papeles de residencia en el país. En algún momento de ese matrimonio ficticio, él la convenció de que estaba locamente enamorado de ella. Él descubrió que ella era vegetariana y dejó de comer pasta para comer verdura. A ella le encantaba escalar, así que él empezó a hacerlo. Ella era "religiosa" y él decidió serlo también. La entrevista con el personal del Servicio de Inmigración tuvo éxito y él recibió sus papeles. Al día siguiente empacó sus cosas, le dijo: "*¡Ciao, bella!*", y salió hacia el atardecer. Ella ni siquiera tenía anillo de compromiso, pero acabó con una factura enorme por los costos del divorcio.

También he visto mujeres que son demasiado buenas para prestarle dinero a un hombre. Por lo general son las mujeres que están luchando por salir adelante las que no piensan dos veces acerca de darles su dinero ganado con esfuerzo. Ella le presta dinero a él para que se compre un estéreo para el coche, mientras ella necesita hacer algo para sí misma.

¿La regla sobre prestar dinero? No lo hagas.

Por ejemplo, Cheryl, quien llena el perfil de la cabrona, me contó la siguiente historia: Había salido un par de veces con Rick, pero no lo veía con frecuencia porque él viajaba mucho. Después de su tercera cita, él le pidió un préstamo. Como ella lo describió: "Rick me llamó desde Tahoe y me dijo que tenía una emergencia. Me pidió que le enviara 10, 000 pesos por medio de un servicio de mensajería que quedaba al otro lado del río. Pero después empezó a cambiar la historia de para qué necesitaba el dinero. Una fue que era la manutención para una mujer llamada Babs, cuyo hijo ni siquiera me había dicho que existía. Me dijo que tendría que cruzar el río en barco para llegar a la oficina de mensajería. Eso le iba a costar 350 pesos de ida y otro tanto de vuelta; así que le dije: '¡Desde luego! Ahora te mando el dinero. Apúrate para que no pierdas el barco.'"

Rick no lo entendió. Volvió a llamarla esa misma noche después de su paseo en barco para decirle que el dinero no había llegado. Cheryl hizo como que estaba estupefacta y le insistió mucho en que le había enviado el dinero. "Hay que tener cuidado con esos servicios de mensajería. ¡Mañana temprano voy a ir a ver qué pasó!"

Al día siguiente Rick hizo un segundo viaje en barco a la oficina de mensajería para recoger el "botín". Pero para su sorpresa seguía sin llegar nada.

Como es obvio, Cheryl no deseaba volver a verlo porque le pareció de muy mal gusto que él la llamara, cuando casi no la conocía, y le pidiera dinero. Pero recuerda el incidente con cierta ternura: "Me imaginé que el aire fresco le haría bien a Rick. Y, si todo lo demás le fallaba, tal vez podría conseguir trabajo en el barco".

PRINCIPIO DE ATRACCIÓN # 85

Las personas te demostrarán que se respetan a sí mismas sencillamente por el hecho de que quieren ser responsables de ellas mismas.

La cabrona no es mala; sólo que no se ofrece como voluntaria para ningún "paseo alocado". Si el hombre quiere ir en uno y le extiende la invitación a ella, ella puede escoger no ir. Sí, trata a los demás como quieras que te traten a ti. Pero, al mismo tiempo, espera que el hombre de tu vida te trate de la misma forma.

La cabrona nunca va a dejar que un hombre piense que está ahí porque "no tiene otro sitio adónde ir". Su independencia financiera es un recordatorio constante, pero sutil para él de que si hace su "estancia" desagradable, ella no se va a quedar mucho tiempo. Esto le asegura que la relación se mantenga respetuosa, recíproca y amable… para *todos*.

9

CÓMO *Renovar* EL DESAFÍO MENTAL

Cómo recuperar la "chispa"

"Una de las cosas de la igualdad no es que te traten igual que a un hombre, sino que tú te trates igual que como tratas a un hombre."

—MARLO THOMAS

Paso 1: En vez de pedirle a él que se concentre en ti, concéntrate en ti misma

Lo que excita a un hombre de una mujer independiente es que ella es independiente de *él*. Cuando un hombre está con una mujer independiente, siente que tiene una compañera a su nivel. Cuando ella deja de lado sus actividades diarias, él comienza a verla como alguien menos interesante. En vez de pensar que obtuvo un premio maravilloso, empieza a verla como un peso extra.

Lo primero que una mujer debe hacer para recuperar esa "chispa sexy" es *regresar su enfoque y su energía de vuelta a ella misma*. Tiene que desarrollar intereses distintos a su hombre, como lo hizo cuando comenzó esa nueva vida. Por lo general, los hombres encuentran más excitante a una mujer que tiene intereses apasionantes y actividades individuales. No tienen que ser las mismas cosas en las que él esté interesado, *mientras sean intereses propios*.

La siguiente historia lo prueba. Rob, un atractivo hombre de éxito que podría haber escogido a cualquier mujer, quedó encantado por una mujer muy particular. Él describe a Laura como una "*nerd* de computación, conservadora" que usa faldas largas plisadas. Después de unas cuantas citas, él la invitó a un crucero. A Rob no le faltaba seguridad, y pensó que podía enseñar a Laura a divertirse. Él pensó que le iba a "mover el mundo". Pero Laura le dijo que no podía ir. ¿La razón? Ya tenía planeada una fiesta de Tupperware (venta de recipientes de plástico).

PRINCIPIO DE ATRACCIÓN # 86

Mientras más independiente seas de él, más interés va a mostrar por ti.

Rob me contó lo que pasó a continuación: "Esperaba que cambiara de idea. Acabé yendo solo al crucero y me regresé a casa un día después para ver qué estaba haciendo ella. ¿Una fiesta de Tupperware? No podía ser. Yo no podía creer que ella dejara unas vacaciones exóticas conmigo por una fiesta de Tupperware. Me imaginé que estaba saliendo con otro hombre; y tenía que comprobarlo".

Cuando él regresó a casa ese sábado por la noche, fue a verla mientras se suponía que se estaba llevando a cabo la fiesta. Ten por seguro que él se quedó de piedra cuando vio que Laura sí estaba teniendo una fiesta de Tupperware.

Cuando llegó, Laura estaba feliz de verlo. Lo invitó a pasar y le ofreció un sándwich. Rob podría haber estado comiendo langosta o mariscos exóticos de camino a las Bahamas en ese momento, con cualquier mujer que hubiera querido. En vez de eso, estaba mordisqueando un sandwichito de atún con un palillo. Podría haber estado viendo un espectáculo famoso estilo Las Vegas, y en vez de eso el entretenimiento era ver los recipientes de Tupperware: unos con forma de muñeco de jengibre, otros con forma de estrella y hasta había otros con forma de corazón.

Rob lo sigue recordando casi sin poder creerlo:

"Allí estaba yo, oyendo a un grupo de mujeres cacareando, viendo cómo se emocionaban con unos recipientes de plástico. Tomé café en una tacita elegante con una cucharilla pequeñísima. No podía creerlo. Sólo pensaba: 'Esto no puede ser posible. No entiendo qué hago aquí'."

¿Laura estaba siendo mala? Para nada. Sólo que no estaba transitando por el traqueteado camino de dejar a un lado sus propios intereses a cambio de algo que él pensaba que era mejor. Lo que volvió loco a Rob fue que esa actividad le importara más que el crucero o que estar con él. Él dijo: "Desde ese momento, tuvo mi atención completa". Y esa pareja dispareja se puso de moda.

Rob había puesto en marcha su mejor rutina de "ligue", y Laura *no se sintió tan impresionada*. A diferencia de la cabrona, la chica buena parece impresionarse con facilidad. Ella hace que su deseo de estar en una relación sea muy obvio, lo que suele invitar al *maltrato*.

PRINCIPIO DE ATRACCIÓN #87

Si haces muy obvio que estás emocionada por conseguir algo, algunas personas se verán tentadas a balancear una zanahoria frente a tu cara.

"Conseguirte una vida" hará que parezca que ya no eres tan impetuosa o impaciente. Cuando estás relajada, es porque ya pusiste fuera de la ecuación a "la necesidad". Ya no pareces necesitada, lo cual cambia de inmediato la dinámica en una relación estancada.

Si quieres renovar el desafío, es imperativo que continúes con las actividades que tenías antes de que él entrara en escena.

Él lo va a notar la primera vez que le digas que no puedes verlo por algo más que ya tenías planeado. Lo vas a encontrar con la guardia baja, y le va a doler.

Si la actividad parece algo mundano, los hombres se desconcentran. En el ejemplo previo, fue una fiesta de Tupperware; pero cualquier cosa como tejido, arreglo del jardín o cerámica tendría el mismo efecto. Puedes estar segura de que su ego no va a soportar perder contra un suéter, una planta en una maceta o un montículo de barro.

Sin importar lo que escojas, siempre y cuando sientas pasión por algo que no sea él, eso lo va a desconcentrar. Garantizado. Se va a estar preguntando lo mismo que se preguntó las primeras semanas que salió contigo: "¿Cómo puede querer hacer eso pudiendo estar conmigo?".

Cuando no dejas todo por estar con él, parece que tienes más cosas a tu favor. Esto le va a recordar tu valor, e invariablemente, él empezará a acercarse a ti.

Paso 2: Altera la rutina

Para renovar el desafío mental es esencial alterar la rutina a la que él ya se acostumbró. Cuando el desafío mental desaparece, la rutina se vuelve predecible y él enciende el "piloto automático". Su mente puede divagar porque no lo estás estimulando lo suficiente. Así que, vamos a comenzar con la estimulación, ¿te parece?

Como dijo Harry Truman: "Si no puedes convencerlos, confúndelos". ¿Cómo? Alterando el patrón de comportamiento totalmente. No te pongas de mal humor y no te quejes. En vez de verlo regularmente, hazlo *al azar*.

Al azar significa que no pueda predecir como un reloj cuándo te va a volver a ver o a saber de ti.

PRINCIPIO DE ATRACCIÓN # 88

Cuando alteras la rutina, el que no estés presente en ciertos momentos es lo que hace que se acerque a ti. Los hombres no responden a las palabras. A lo que responden es a la falta de contacto.

Esto aplica si estás soltera o casada. Si necesitas renovar el desafío mental, altera el patrón de comportamiento. Cuando él parezca pagado de sí mismo, sólo altera el patrón de comportamiento. Las mujeres solteras suelen hacer planes de acuerdo con las llamadas de él. Las casadas esperan a que el hombre llegue del trabajo. Las mujeres solteras y casadas por igual esperan regularmente junto al teléfono a que las llamen.

Tracy es una mujer que se benefició al alterar el patrón de comportamiento en su matrimonio. Solía sentir que su esposo, Allen, no la tomaba en cuenta cuando viajaba fuera de la ciudad a causa del trabajo. Tracy solía esperar la llamada de larga distancia cada noche, aunque tuviera que deshacer sus planes para hacerlo. Como se puede predecir, Allen empezó a comportarse como si tener que llamarla fuera un trabajo, como si tuviera que "reportarse" o checar la hora de entrada. Él llamaba sobre las 7:30 p.m. y se apuraba a colgar para poder salir a tomar unas copas con sus colegas.

Mi amiga decidió moverle el tapete. ¿Cómo? Quedándose justo fuera de su alcance.

Cuando él volvió a salir en viaje de trabajo ella lo llevó al aeropuerto y no le dijo: "Llámame cuando llegues". Durante su viaje, la mitad de las veces que habló ella estuvo en casa, la otra mitad no la pudo localizar. Salía a visitar amigas que llevaba tiempo sin ver y no regresaba corriendo a esperar la llamada.

La primera noche que Tracy no estuvo cuando llamó, Allan se volvió loco. Toda su orientación cambió de inmediato. Llamó a las 7:30 y virtualmente cada media hora después hasta las 10:30. Salió, tomó la mitad de su bebida y regresó a su habitación para volver a llamar a su esposa. Tracy regresó a las 10:59; el teléfono sonó a las 11:01.

Antes le parecía una faena, pero ahora Allan estaba contento de localizarla. Ella también estaba contenta, especialmente cuando volteó a ver la contestadora y vio un número nueve parpadeando en rojo. (Seis mensajes de él y tres llamadas misteriosas en las que alguien colgó.) Y todos se fueron felices a la cama.

De repente Allan empezó a extrañar a Tracy. ¿Por qué? Porque ella tenía una vida propia fuera de la relación.

Nunca dejes de vivir tu vida. Toma una clase. Desarrolla un pasatiempo. Conoce gente. Tú eres tan importante como la profundidad de tus propios intereses.

El mero hecho de que estés contenta con tu vida te hace ver interesante. Estás feliz con o sin él y esto te mantiene... justo fuera de su alcance.

Otro ejemplo perfecto es Ellen, una mujer casada que se sentía poco apreciada. Regularmente cocinaba para su marido, Sydney, y para sus dos hijos. Sydney era el único que trabajaba y solía quedarse hasta tarde en la oficina. Por lo general no llegaba a cenar. Y lo que más le molestaba a ella era que Sydney no le dijera si iba a llegar a cenar, y que no la llamara cuando se le había hecho muy tarde.

Algunas veces recalentaba la comida tres veces antes de que él llegara.

Ella ya tenía como patrón de comportamiento decirle: "Los niños necesitan verte en la mesa, Sydney". Pero noche tras noche se volvía a encontrar recalentando la cena, mucho tiempo después de que los niños estuvieran acostados.

Ellen, como muchas chicas buenas, era demasiado tolerante. Por otra parte, la cabrona cambiaría la agenda de la cena. Ella alteraría la rutina. En algún momento tranquilo, voltearía a ver a su marido y de una manera casual le diría: "Oye, cariño, veo que no estás viniendo a cenar entre semana. Así que no me voy a molestar en cocinar para ti. Si quedan sobras de los niños, te las voy a dejar en el refrigerador. Pero sería mejor si compraras algo camino a casa".

Durante unas cuantas noches, él compraría algo camino a casa. Tal vez la primera noche sería pollo en Kentucky Fried Chicken. La segunda pasaría por un *Deli*; después de disfrutar de su sándwich de pastrami, utilizaría un poquito de Alka-Seltzer para la acidez estomacal. No pasaría mucho tiempo para que él viniera a casa a disfrutar de una cena casera, contento. Y estaría llegando a casa... a la hora correcta.

Otra mujer llamada Sandy me contó que se sentía poco apreciada cuando estaba limpiando el piso de la cocina de rodillas, después de haber cocinado para Wane, su marido. Él acababa de empezar a comer cuando se acercó a ella y le dijo: "Es muy desconsiderado de tu parte limpiar el piso en este momento. Ese líquido apesta. ¿Podrías esperar a que termine de comer?". Ella resistió las ganas de estrangularlo.

Durante el resto de la semana, Sandy se alejó. Le hablaba muy superficialmente y se volvió distante. Él le preguntó "¿Qué te pasa?" una docena de veces antes de que ella le dijera lo que pensaba.

Pasó de ser "abeja obrera" a "abeja reina" en unos cuantos días.

¿El primer paso en la agenda de Sandy? Una sirvienta. Insistió mucho en ello. Después le pidió que tuviera modales en la mesa. Wade solía empezar a comer sin ella y se levantaba sin que ella se hubiera sentado todavía. Ella le dijo que no cocinaba para dos, para luego comer sola. También sugirió salir a comer algunas veces, aunque fuera a un lugar barato. Y después se adhirió a su plan. No sólo tenía una sirvienta sino que también consiguió "noche fuera" una vez a la semana.

En estas dos instancias, al alterar la "agenda de comidas" las mujeres les hicieron saber sin palabras a sus maridos que ellos también tenían algo que perder. Sus acciones dijeron: "O nos encontramos en el centro o no nos encontramos". (Y tú no vas a comer.)

PRINCIPIO DE ATRACCIÓN # 89

No le recompenses una mala conducta.

Las mujeres suelen cometer el error de recorrer el trillado camino de atender a un hombre, aunque sientan que no las están apreciando. Un ejemplo perfecto es una mujer llamada Laurie, quien llamó a mi programa de radio. Laurie es una madre soltera que no tiene mucho dinero. Anduvo como loca durante dos días completos buscando un molde en forma de corazón para hornearle un pastel a su novio, el Día de San Valentín.

Pregunta: ¿Crees que a un hombre le importe si el pastel tiene forma de corazón?

Lo más probable es que él hubiera preferido un pastel en forma de llave de tuercas o de control remoto. De hecho, cerca del Día de San Valentín, poco después del domingo del Súper Tazón, puedes conseguir pasteles en forma de balón. Todo lo que tienes que hacer es quitarle los jugadores y escribir sobre él un "Feliz Día de San Valentín" asimétrico. ¿Tiempo empleado? Se redujo de dos días completos a doce minutos.

Cualquier mujer que sienta que no la aprecian debe suavizar sus esfuerzos de convertirse en Betty Crocker. Es verdad que los hombres dicen: " A un hombre el amor le entra por el estómago". Pero no hay nada en esta frase que diga que tú tienes que cocinar esa comida antes de que le llegue al estómago. Entonces se debe hacer la siguiente pregunta: ¿Quién debe cocinar? ¡Hay muchas opciones y tan poco tiempo!

La galleta de la fortuna dice que pueden enviarla a tu casa. O puedes ir a recogerla. Puede llevarte a comer. Puede cocinar en el asador gigantesco que "debe tener". Piensa en lo divertido que puede ser para él. Puede colocar dos hamburguesas, una a cada lado de la parrilla, separadas por unos cuantos centímetros. Y mientras más grande sea la parrilla, más viril se va a sentir usándola.

Si sugiere utilizar el asador, anímalo a hacerlo. Después ofrécete a lavar los platos. Cuando él empiece a cocinar, pon la mesa como la mujer de clase que eres. Coloca dos platos de cartón y dos vasos desechables, además de cubiertos de plástico. No hace falta mantel; sólo dobla un par de servilletas de papel.

Nunca es demasiado temprano para invitarlo a participar en las actividades de la cocina. De hecho, te recomiendo que lo animes desde la primera vez que venga a verte. Por lo general, para ese momento ya habrán salido unas cuantas veces y ya tendrán una relación cómoda.

Llévalo a la cocina y dale un pequeño y amable "*Tour de France*". Dile: "Aquí están los vasos... aquí las tazas... aquí los platos. Las bebidas están justo aquí. Si hay algo más que necesites, no dudes en buscarlo. Mi casa es tu casa".

Mientras le muestras a tu invitado dónde están las bebidas, querrás añadir como por casualidad: "Sólo te pido un pequeño favor. Tengo un pequeño problema con las hormigas y, mmm, todos los trastes deben colocarse de inmediato en el lavaplatos". De lo que él no se da cuenta es de que le acabas de decir que no le vas a servir, y de que no hay ningún ayudante de cocina en el lugar. Si quiere una bebida, ya le hiciste saber que puede servirse él mismo. Si quiere un tentempié, sabe dónde encontrarlo.

No intentes ser la "ayudante feliz". Él no va a valorar tus esfuerzos si tú asumes automáticamente el papel de su sirviente. Sin embargo, si estás actuando en forma recíproca por las bondades que ha tenido para contigo, él pensará en todo lo que le das como una recompensa especial.

Algunas veces cambiar la rutina es cuestión de cambiar la agenda de la cena; otras veces es cuestión de cambiar la hora o la fecha de sus pequeños encuentros amorosos.

Una universitaria llamada Anita me proporcionó un ejemplo clásico de lo que sucede cuando una mujer no pone mucha atención a la forma en que los patrones de comportamiento se ponen en primer lugar. Casi siempre *el primer síntoma va a ser que sientes que te están poniendo "en espera"*.

PRINCIPIO DE ATRACCIÓN # 90
Sencillamente él no va a respetar a una mujer que actúe a marchas forzadas para complacerlo.

Anita nos describe cómo se estableció este patrón de comportamiento. "Veía a Dave varias veces por semana. Me llamaba a mi celular después de clases, sobre las cuatro de la tarde, y hacíamos planes. Él empezó a llamar cada vez más tarde. Me pasaba la tarde rabiando porque no sabía si tendríamos planes para esa noche. Tuve que dejar muchas actividades porque él siempre me tenía en ascuas."

Las mujeres como Anita terminan en "ascuas" por la sencilla razón de que están dispuestas a esperar. Una vez que él sabe que lo estás esperando, te va a hacer esperar por siempre. Este es el momento de alterar la rutina.

En la situación de Anita, la solución es muy clara. Ella debe dejar de estar tan disponible, y decirle a qué hora quiere que pase por ella, por lo menos con un día de anticipación. (Fíjate que ella no va a ofrecer ir a verlo.) Todo lo que necesita hacer es preguntarle: "¿A qué hora crees que nos veamos?". Dave podría responderle: "Te llamo mañana cuando salga del trabajo". El truco es no dejarlo así. Sencillamente dile: "Es que… tal vez no esté y no me gustaría que no me encontraras. Para estar seguros, mejor nos ponemos de acuerdo de una vez".

Ya sea temprano o tarde, acuerda una hora el día anterior a la cita. Si él insiste en que "después te dice", dile que tu celular no funciona, tu localizador va a estar apagado, o que no puedes recibir llamadas personales en el trabajo.

PRINCIPIO DE ATRACCIÓN # 91
Si él no te da una hora, tú no le des fecha.

Algunas veces los hombres culpan a un amigo. Si oyes algo parecido a: "Mi amigo va a venir mañana por la noche. Hace tiempo que no lo veo. No sé cuánto tiempo me tarde. No puedo ser descortés y correrlo". Sencillamente dile: "No hay problema. Que te diviertas mañana por la noche". Y después, sin demostrarle que estás "enojada", dile que podrás verlo *otra* noche. Te repito, los hombres responden a la *falta de contacto*.

La otra opción es que desperdicies dos horas esperando que te llame. Esas dos horas las puedes pasar en el gimnasio o haciendo algo que sea importante para ti. La mayoría de las profesionistas, o las madres, o las estudiantes que tienen horarios muy apretados no tienen dos horas al día para ellas mismas. Pero pasan ese tiempo, sin pensarlo, esperando una llamada telefónica.

Alterar la rutina significa mezclar las cosas. Si lo llamas dos veces al día y él no parece contento de oírte, llámalo con menos frecuencia. Si suelen reunirse los fines de semana, dile que esa semana lo puedes ver un día hábil. Esta semana puedes verlo el martes y el viernes. ¿La próxima semana?, el jueves y el sábado.

Una mujer felizmente casada que conozco, llamada Margaret, me compartió uno de sus secretos. Ella dijo: "Cuando siento que mi marido se está alejando un poco, me voy el fin de semana a visitar a algún amigo o a mi familia. El jueves le digo que el viernes me voy y que regreso el domingo, tarde. Tal vez le llame una vez para decirle dónde estoy. Y nunca falla... en cuanto regreso a casa él vuelve a ser el mismo hombre amoroso de siempre".

Aquí tienes unas cuantas sugerencias más sobre cómo alterar la rutina:

- Si tú eres la que siempre lo llama a la oficina para saber a qué hora va a regresar a casa, de vez en cuando, no estés en casa cuando él llegue.
- No le digas dónde pasas cada momento del día.
- Si te llama a tu celular, no siempre te apresures a contestarle.
- Si te manda un mensaje a tu localizador, no lo llames a los treinta segundos. O sencillamente, no lo llames. Permite que te encuentre en casa, pero no cuando te estás levantando.
- Si te llama por teléfono, no te desesperes por contestar. Haz que te deje un mensaje. O si quieres ser considerada, dile de antemano que no vas a estar.
- Si te sientas junto al teléfono y revisas el "identificador de llamadas" o marcas a tu "buzón" como si tu pró-

xima respiración dependiera de ello, apaga el timbre del teléfono. Lee un libro, renta una película.

- Si viven juntos, sal a divertirte. Y quédate fuera un par de horas más de lo que él espera. Si está acostumbrado a que estés en casa a cierta hora, llega un poco más tarde.

En el minuto que no sepa dónde está *su mujer*, vendrá a buscarte. Él es un cazador. Te va a perseguir. Tiene un impulso innato que lo hace ser territorial… sobre *ti*. Pero si te esfuerzas demasiado, no vas a sacar provecho de ese apetito. Él va a quedar saciado; eso significa que no lo vas a dejar queriendo más.

PRINCIPIO DE ATRACCIÓN # 92

Por lo general, la mejor forma de ajustar o solucionar el problema es no dejar que *él* sepa que lo estás solucionando. Cuando alteras tu disponibilidad o cambias una rutina predecible, mentalmente se va a sentir atraído hacia ti.

Paso 3: Recupera tu sentido del humor

Cuando pierdes el sentido del humor en una relación, podría ser porque estés "obsesionada". Esto significa que has quedado "consumida" por "cada movimiento" de tu pareja. Y lo más probable es que te enojes con facilidad por lo que *no* estás sacando de esa relación.

El sentido del humor es una cualidad sexual. Tal vez los hombres no lo digan, pero ellos saben cuando pierdes ese "sabor". Al principio, probablemente bromeabas más con él y eras más ingeniosa. Cuando se termina el desafío mental, también lo hace el sentido del humor.

Una forma efectiva de poner a un hombre en su lugar o de mantenerlo a raya es con sentido del humor. Le puedes hacer saber de una manera divertida y juguetona que tu seguridad como mujer *no depende de él*.

El sentido del humor es algo más que encontrar algo divertido que decir, habla de la serenidad de una persona. Le deja saber a los demás que estás cómoda contigo misma. Les dice a los demás que no estás obsesionada. La meta no es convertirte en una comediante; eso no es efectivo porque hace que parezca que te estás esforzando demasiado.

PRINCIPIO DE ATRACCIÓN # 93

Una vez que empiezas a reír, te empiezas a curar.

Es sexy ser capaz de bromear, porque el humor sugiere que eres una pensadora independiente. No sólo que puedes pensar por ti misma, sino que te puedes reír de lo que está pasando a tu alrededor. Si tienes pequeñas "peleas" de juegos verbales con él, no es probable que piense que estás necesitada.

Cuando él bromea contigo, es como si te estuviera preguntando: "¿Todavía tienes ese sabor?". Tu sentido del humor le contesta y le hace saber que él no va a ser siempre quien tome las decisiones.

Aquí tenemos un caso que lo ejemplifica. Una amiga mía salió un par de veces con un tipo que criticaba el color de su barniz de uñas. Ella le dijo: "El departamento de sugerencias está cerrado por esta noche. Pero mande su idea por fax mañana y la archivaremos de inmediato en el apartado de sugerencias" (y después señaló el bote de basura de la cocina). Ellos dos siguen juntos y él está completamente loco por ella. Hasta este día, ella sigue usando el mismo color de barniz de uñas.

El humor no sólo suaviza ciertas situaciones, también hace que salgas bien librada. Tom Hanks dio un ejemplo de esto en una entrevista que le concedió a Barbara Walters. Parafraseando lo que ella dijo: "No quiero herir tus sentimientos, Tom, pero no estás considerado como un símbolo sexual". Él contestó: "Sí; pero lo acepto. Y creo que eso me da cierto aire sexy". Él podría haber optado por ponerse a la defensiva. En vez de esto, la desarmó.

Si no te pones a la defensiva y te ríes de las cosas de vez en cuando, él te va a respetar más.

Entonces es cuando demuestras si crees en ti misma. Por ejemplo, él puede burlarse de la manera en que estacionas tu coche. Este tipo de bromas lo hace sentir varonil. Un aura relajada de una mujer que puede reírse de sí misma lo excita, porque él va a pensar que ella es divertida y entretenida.

No importa si estás usando un saco de patatas; una actitud intrépida hará más por él que un camisoncito negro en una mujer que se comporta como si estuviera desesperada por conseguir su aprobación. (Sí, aunque estés usando los zapatos de tacón que te cortan la circulación y prácticamente pueden causar que pierdas una extremidad.)

Los políticos que tienen éxito aprenden a usar el humor para ganar a la gente y para demostrar confianza. Cuando Ronald Reagan iba para presidente, en un debate le preguntaron sobre el factor negativo de ser el candidato más viejo que jamás optara por la presidencia. Su respuesta fue: "Me niego a explotar, en ayuda de mi campaña, la juventud y falta de experiencia de mi oponente".

En una relación con un hombre, cuando quieres tenerlo con los pies en el piso, bromea con él. Si te dice algo un poco pasado, sólo dile: "Bueno, ésa la vamos a dejar pasar". O: "¿Por qué tengo que soportar esto?". O pregúntale si le gustaría tener una pierna rota o dos…

PRINCIPIO DE ATRACCIÓN # 94

Puedes salirte con la tuya diciendo muchas más cosas con humor de lo que lograrías con una cara larga.

Una mujer que conozco, llamada Darla, salió con un hombre que dejaba todo hecho un desastre cada vez que iba a verla. Tenían una buena vida sexual. Él le hizo insinuaciones amorosas y ella lo desairó con aire juguetón. Después fue a la cocina y se puso a lavar todos los platos de él. Jugando, le dijo: "Mientras más tiempo paso lavando platos, menos tiempo podemos pasar haciendo *la tarea*." De repente, él empezó a ayudarla a recoger.

El hombre de tu vida te vigila. Te vigila para saber cómo te mueves en tus terrenos. Te vigila para saber cómo respondes cuando bromea contigo y cuando recibes críticas suyas o de alguien más. Él va a probar las aguas, porque quiere ver cómo te defiendes. Quiere ver si puedes *mantener tu independencia*.

Y mientras estamos con el tema del humor, vamos a enfocar nuestra atención en la palabra *cabrona*. ¿Qué hacer si llega ese fatídico día en el que él te llame cabrona? Detente y respira hondo. Y después disfruta el momento. Sonríe en tu interior mientras te dices a ti misma: "Está bien. Ahora sé que en *realidad* me ama".

10

LOGRA EL *Control* DE TUS EMOCIONES

Preguntas y respuestas. Cartas de las lectoras

"Nunca permitas que alguien sea tu prioridad
mientras tú seas sólo una opción."

–NINA POTTS-JEFFERIES

Locamente enamorada

Con frecuencia oigo a los hombres comentar que todas las mujeres están locas o que son emocionalmente inestables. Hay hombres que hasta las dividen por categorías. De acuerdo con su punto de vista, las mujeres varían desde *un tanto* irracionales… hasta sicóticas perdidas. Sabemos que los hombres se reúnen para jugar unos cuantos hoyos de golf o tomar unas cuantas cervezas e intercambian impresiones sobre la salud mental de su más reciente conquista. "Conocí a una chica que parece que sabe controlar sus hormonas." Tal vez hayas notado que siempre hay una ex novia de la que habla. Ya sabes, la que se volvió loca y poseída por los demonios, lo que causó la muerte de su relación. Lógicamente, él no tuvo nada que ver, era un perfecto ángel y… ¡quién lo iba a decir!... un día despertó junto a la niña de *El exorcista*.

Tal vez sea por eso que las mujeres se culpan de todo. Ya perdí la cuenta de las veces que he escuchado a las mujeres decir: "Siempre estropeo mis relaciones. Siento que algo está mal en mí". Recibe un análisis mental de su novio (el terapeuta autonombrado) y poco tiempo después empieza a conjeturar: "Dice que me estoy portando como una loca. Y que no soy una persona normal. Creo que estoy un poco loca". Después empieza a pegarse con un bate de beisbol, una y otra vez.

Las mujeres seguras de sí mismas se ríen cuando alguien les hace comentarios ridículos. Si a un hombre se le ocurriera decirle que está "un poco loca" a una cabrona, ella le contestaría que le diera gracias a Dios. "Es cierto, y tienes suerte de que esté un poco loca. Podría ser mucho peor porque la mayoría de las cabronas están completamente dementes. No te quiero ni contar lo que serían capaces de hacerte..."

Cuando una mujer es capaz de reírse de sí misma, no se toma estos comentarios como algo personal y tiene sus emociones bajo control, se ve más "estable", segura y digna de confianza. Y el hombre piensa que hay buenas posibilidades de que las cosas funcionen.

Este capítulo tiene como propósito ayudar a la mujer que es buena con todos... menos consigo misma. La que cree que todas las cosas negativas que le suceden son *su culpa*. Leer lo que están pasando otras mujeres puede ayudarte a controlar tus emociones (o, como dicen los hombres, "tener vigiladas tus hormonas"). Tal vez te suene conocido el siguiente escenario de una cita...

Querida Sherry:
Estoy saliendo con un hombre y los primeros meses me parecía que morí y había llegado al cielo: él era romántico y maravilloso, me llamaba todos los días, permanecíamos horas en el teléfono y ambos decíamos que podíamos estar juntos por siempre. No le pedí que me bajara la luna; él me la prometió.

Por eso estoy tan confundida. Después de que dormimos juntos noté un cambio. Yo quería verlo con más frecuencia que él a mí. Aunque tenía tiempo para sus amigos, su familia y su trabajo, cada vez tenía menos tiempo para mí. Me doy cuenta que llamo más y le mando más correos electrónicos y me siento rechazada la mayor parte del tiempo. ¿Será que estoy mal?

-Chica buena anónima

Volvamos a ese inicio "romántico y maravilloso" porque fue ahí donde comenzaron los problemas de comunicación. Al principio, cuando un hombre acaba de conocerte, tienes que entender que la mayoría ven a una mujer como un juguete sexual. Esto no quiere decir que no se enamoren tarde o temprano, porque sí lo hacen. Pero eso sucede *más tarde*. Aun cuando ves a un hombre casado, con una camioneta, una cangurera y un recién nacido colgándole de la espalda… eso no era lo que quería conseguir. Inicialmente el plan era desvestir a la mujer. Él es una criatura fogosa con bastante testosterona, y debido a sus *hormonas* sólo conoce tres emociones:

- Malhumorado
- Hambriento
- Excitado

Por lo tanto, cualquier cosa que diga al principio será probablemente para obtener el resultado deseado: meterte en el dormitorio. Es un preludio verbal. Tú te pones perfume… él te abre la puerta del coche… tú le dices que en toda tu vida sólo has tenido tres amantes (sin reírte)… y él te dice que está buscando una relación y que tú reúnes todas las cualidades que las otras mujeres no tenían. Es un discurso de ventas.

He aquí una analogía. Piensa en él como si fuera un animal entrenado realizando trucos frente a un público. Como si fuera una foca o una nutria en Mundo Marino.

Cuando una foca mantiene en equilibrio una pelota de playa sobre la punta de la nariz, no está intentando demostrar su buena coordinación. Ni está haciendo los trucos para impresionar al público. Lo hace por una sola razón: para obtener un salmón. Lo mismo sucede con los hombres: si te invita la cena y te manda flores, está manteniendo una pelota en equilibrio en la punta de su nariz. A algunos hombres les sale mejor que a otros... y algunas focas pueden aplaudir tres veces con la pelota sobre la nariz. Pero todo esto se hace por la misma razón: para obtener una recompensa. Si él quiere conseguir "el premio" tiene que realizar "el truco".

Las mujeres dicen: "Me niego a acostarme con un tipo que no esté interesado en una relación seria". Le estás proporcionando argumentos para que los use en tu contra. Si vio algún capítulo de *Sexo en la Ciudad,* sabe que usar palabras clave como "amor y compromiso" es la llave para llevarte a la cama. Los hombres ven esos programas para aprender lo que las mujeres quieren oír, y poderles prometer esas cosas. Un chico llamado Bradley me explicó: "Los hombres dicen algunas cosas y las mujeres 'las compran'. El tipo podría hacer una simple aseveración y cuando se da cuenta, ella cree que su sueño se está volviendo realidad". Los hombres creen que las mujeres se engañan solas. Él te mete ideas en la cabeza, y tú haces el resto. Como dijo Bradley: "Las mujeres se enamoran desde antes de conocer al tipo", aunque eso no quiere decir que no le gustes, que no te adore y que no crea que eres la cosa más sexy que sus ojos hayan visto. Lo que significa es que los hombres, para conseguir sexo, te van a engañar sobre el nivel al que quieren llegar en una relación, a largo plazo.

Un poco de indiferencia actúa como anzuelo y lo engancha

Hay maneras de conseguir una relación, pero acostarse con un tipo de inmediato y anunciarle que quieres "una relación" o permitirle que te ponga una correa alrededor del cuello no es la correcta. En lugar de eso, tienes que sacarlo de balance.

¿Cómo? Manteniendo tus emociones bajo control. ¿Por qué? Porque eso es a lo que no está acostumbrado.

Al principio lo único que necesitas es ***un poco de indiferencia***. Si un hombre no te conoce (completamente) y no está seguro de lo que quieres, te respeta más y te trata mejor. Esto lo engancha porque no tiene las "pistas" a las que está acostumbrado.

¿Cómo se hace? Debes ser capaz de estar sentada junto a un hombre, abrazándose y besándose... y al mismo tiempo tienes que *mantenerte emocionalmente a tres metros de distancia*. Aunque estés sentada en sus piernas, tu corazón debe estar encerrado en la cajuela de tu coche, junto a la llanta de refacción. Puedes ser tierna y cariñosa, pero deja de decirte: "¡Él es el indicado!" Y también de alegar: "Él es diferente. Me hace sentir algo que no había sentido en años". En cambio, debes pensar: "Estoy dispuesta a aprender más. Estoy disfrutando, pero si no funciona, hay más peces en el mar".

Muchas mujeres empiezan "de bajada" porque demuestran *muy pronto* lo *mucho* que les importa. Poco después inicia una caída libre (sola) tras lo cual él hace la siguiente observación: "Ella no controla sus emociones". O como lo explicó un hombre llamado Connor: "Cuando conozco a una mujer y salgo con ella unas cuantas veces, me pregunto: '¿Quién tiene el control: ella... o sus emociones?'" Si son tus emociones, estás a su merced. Así son los hombres. Aprenden desde muy niños que mostrar mucha emoción es lo mismo que mostrar debilidad. Respetan a las mujeres fuertes, así que debes de estar atenta a la cantidad de emoción que demuestras.

Por lo tanto:

FÓRMULA PARA EL FRACASO
Sin control emocional = Desesperación por retenerlo = Él se sale con la suya

FÓRMULA PARA EL ÉXITO
Autocontrol emocional =
Control sobre cómo te tratan y control sobre cuánto te respetan

Los hombres piensan que si estás muy encariñada desde el principio y no estás al mando de tus emociones, *tolerarás casi cualquier cosa* (sólo para llorar después por ello). Y hasta inventarás excusas: "De verdad está muy ocupado con el trabajo" o "Acaba de salir de una relación". El hombre se siente más inclinado a tratar a una mujer como juguete sexual o trofeo cuando ella no tiene autocontrol emocional y se cree todas las mentiras. Es entonces cuando él se divierte en el caballito... sin depositar una moneda en la ranura.

En otras palabras, seguirá viéndola, pero cuando le resulte conveniente. Cuando una mujer se encariña mucho demasiado pronto *debido a sus emociones*... o muestra señales de no controlarse después de una relación sexual *debido a sus emociones*... o espera un final de cuento de hadas *debido a sus emociones*... se está sirviendo a sí misma como cena.

Por el contrario, cuando es menos tolerante y está alerta, lo confrontará cuando él intente "condicionarla" a recibir menos. La primera vez que intente visitarla muy tarde por la noche, lo intercepta en la puerta: "No me llames cinco minutos antes de querer verme. Aunque estoy realmente conmovida de que decidieras hacerme un hueco en tu apretada agenda, por favor, la próxima vez, avísame con un poco más de anticipación". Eso hace subir sus acciones.

Los hombres evalúan a las mujeres y las tantean. Él quiere saber si vives en un cuento de hadas y quieres crecer para ser una "princesa" o si eres independiente y sensata, con metas propias. Si no pueden descifrar cuál es tu posición y no saben siempre cuál será tu siguiente paso, te respetarán más y te tratarán mejor. Y eso abre vías para que él se encariñe y se enamore de ti.

Tabla comparativa:

INTENSIDAD EMOCIONAL...	VS.	UN POCO DE INDIFERENCIA...
Si siente que te tiene totalmente atrapada durante el primer mes...		Si siente que eres curiosa y quieres saber más y que no estás siguiendo el mismo patrón que otras mujeres...
...creerá que tiene un control total. Lo que lo hace perder interés y verte con menos frecuencia.		... piensa: "¿Por qué no la estoy embaucando?"
... así que empezará a ver en qué cosas puede salirse con la suya. Si no se comporta como un perfecto caballero, asume que lo vas a perdonar.		... empezará a verte como individuo y como una persona real, no sólo como a un juguete sexual. Empezará a ver que: "Ahí hay mucho más". Y eso mantiene su interés.

Lo más importante es romper la pauta de aquello a lo que él está acostumbrado. Cuando un hombre ve que mantienes tu distancia ligeramente y que estás fuera de su alcance –y que no le das "libre acceso"–, lo enganchas y mantienes su interés. Él se engancha cuando no tiene en la cabeza el "as" al que está acostumbrado, porque todavía no ha ganado. Entonces se le vuelve un reto mental. "Debo ser un mejor hombre para obtenerla y retenerla." Así es como consigues un noviazgo correcto.

Algunas mujeres intentan comunicar su estrategia y tratan verbalmente estos temas. La siguiente carta lo pone de manifiesto:

> ***Querida Sherry:***
> *Tengo mi propia carrera y mi propia vida. Y los hombres lo notan. Les digo que no pienso tolerar ningún tipo de sandeces. Y les expreso que quiero seguir siendo como soy. Quiero poder mostrar lo que me hace feliz o lo que me provoca tristeza. Quiero poder hablar de todo y nada. ¿No crees que el hombre indicado querrá que sea yo misma? Soy una mujer fuerte. Pero, por lo general, los hombres se sienten intimidados.*
>
> -Chica buena anónima

A los hombres no los asusta una mujer fuerte. Como me explicó un hombre llamado Michael: "A los hombres no los asustan las mujeres fuertes, los asusta una mujer con unos músculos muy fuertes en la mandíbula y unas cuerdas vocales demasiado activas". Y después me contó una historia:

"Muchas mujeres no se dan cuenta de que su peor enemigo es su boca. Si se queja y lloriquea demasiado, no importa si es la mujer más guapa del mundo. (¿Traducción? No controla sus

emociones.) Recuerdo una cita a ciegas en la que pasé por una mujer y conduje para reunirnos con otras dos parejas en un restaurante que quedaba a unos cuarenta minutos. Todo el camino hasta el restaurante mi cita no dejó de repetir: 'Tengo hambre. Estoy que me desmayo. Tengo hambre. Muero de hambre. ¿Falta mucho para llegar?' Conocía el restaurante y sabía cuánto tiempo tomaba llegar. Pero se quejó todo el camino y no dejó de desahogar su molestia. Antes de llegar al restaurante ya había decidido que nunca la iba a volver a invitar a salir."

Mientras menos des a entender o declares verbalmente, mejor. Mientras más hables, menos podrás descifrar lo que él está haciendo ni conocer sus intenciones. Para un hombre, la peor clase de compañera es a la que nunca nada le será lo bastante bueno, sin importar cuánto aporte él.

Consigues mucho más "volando fuera del alcance del radar" y destacando tu lado femenino. Tu lado femenino desarma a los hombres porque no tienen defensa contra él. A los hombres no les dan miedo las mujeres fuertes... los desaniman las mujeres que *han perdido su femineidad*. Dolly Parton, una de las empresarias más exitosas además de respetada compositora de Nashville, dijo algo interesante en una entrevista reciente para *60 Minutos*. Comentó: "Muchos hombres pensaban que era tan tonta como me veía. Me veo como una mujer, pero pienso como un hombre. Y en este mundo de los negocios, eso me ha ayudado mucho. Porque para cuando piensan que no sé qué está pasando... yo ya gané dinero y me fui". Su femineidad encubre su sigilo. Se mantiene un paso adelante volando fuera del alcance del radar.

Por regla general, no des a entender ni anuncies lo que quieres. No sólo comunicas tu estrategia, sino que además reduces el misterio en la relación. Si no te gusta lo que ves, habla del tema cuando surja. Si su respuesta no es aceptable, entonces vete. Pero no le digas con toda franqueza a un tipo (que apenas conoces) lo que te hace feliz o lo que te molesta. Si lo haces, muchos hombres usarán esta información para manipularte. Harán lo que te gusta sólo el tiempo suficiente para obtener lo que quieren, o para que los perdones por algo que hicieron mal.

Y este sería el resultado...

Querida Sherry:
He estado saliendo con un chico de forma intermitente. Me parece que es un círculo vicioso. Llevamos dos años en este carrusel sin control. Somos muy apasionados en la cama, pero fuera de ella nunca está cercano emocionalmente y la relación no está progresando. Lo he dejado un millón de veces, pero me persigue con correos electrónicos, llamadas y apareciendo en mi casa o en mi trabajo. Me dice que "esta vez será diferente" y que "va a cambiar". Me ruega que no lo deje y dice que me necesita. Lo recibo y se porta bien un día o dos para después volver a ser igual de egoísta. Yo sí lo amo pero este carrusel emocional me está mareando.

-Chica buena anónima

Si hay hombres leyendo este escenario, estarán verdes de envidia. "¿Oye, todo ese maravilloso sexo... gratis?"

Si la relación es intermitente durante el primer año, esa es una señal inmediata de que estás desperdiciando tu tiempo. No es "frío y caliente" porque esté indeciso. Es "frío y caliente" porque te está manipulando. Definamos:

LA RELACIÓN "FRÍO Y CALIENTE"

Cuando está "caliente", te está *manipulando.*
Cuando está "frío" se muestra tal cual es en realidad.

Si estás pensando "Si tan solo pudiéramos reconectarnos y dormir juntos, esto se convertiría en una relación", lo estás ayudando a manipularte. Cuando un hombre al que conoces desde hace algún tiempo te llama una vez a la semana, no puedes pensar: "¡Hurra! Por fin mi plan está funcionando", porque lo que él se está diciendo a sí mismo es: "Vaya, con esta me puedo acostar cada dos semanas", y después intenta encontrar otra mujer con la que acostarse entretanto. Lo que suelo escuchar con frecuencia por parte de las mujeres es: "De verdad me interesa este chico. Había una gran química entre nosotros. ¿Cómo puedo aumentar su interés?" Sencillamente no quieren aceptar que "este chico" las está manipulando o que *así es él.*

La pregunta que con frecuencia les escucho a las mujeres es: "¿Cómo dejo de pensar en él? ¿Qué hago para que deje de importarme tanto?" Si estás a dieta, no puedes vivir pensando en un pastel de chocolate, ¿verdad? Lo mismo pasa con las relaciones. Muchas mujeres están tan asustadas con la idea de perder a un hombre que piensan en él constantemente. Acabar con esa obsesión poco saludable resuelve 90 por ciento del problema y aligera el dolor. Los hombres sienten cuando ya no estás obsesionada. Por lo general obtienes lo que quieres, y eso te regresa el poder.

Si quieres controlar tus emociones, tienes que controlar tus pensamientos; como dijo Eleanor Roosevelt: "Tienes que hacer eso que piensas que no puedes hacer". La mejor forma de tener éxito con un hombre determinado es no estar demasiado apegada. Ya sea que estés iniciando una relación y quieras mantener los pies en el suelo o que la estés terminando y desees desprenderte, el siguiente ejercicio te ayudará. La clave es dejar de pensar en él completamente: desengancharte.

Cómo dejar de pensar en él

- Cada vez que pienses en él, DETENTE.
- De manera consciente, reemplaza el pensamiento sobre él con otro pensamiento o actividad.
- Debe ser un pensamiento o actividad que te haga sentir bien.
- La clave es que te distraigas, de inmediato.
- Hazlo repetidamente, cada vez que él aparezca dentro de tu cabeza.
- Ponte creativa. De inmediato busca tu programa favorito, come lo que más te guste, ve al gimnasio o sal a caminar.
- Cada una de las veces que pienses en él –sin excepción– deja a un lado el dolor y la preocupación y fuérzate a sentir lo contrario. Haz algo que te haga *sentir* bien.

Si estás en el trabajo, ve por tu café favorito. Si estás en el coche, pon un CD que te haga sentir bien. Cuando los niños lloran, los distraes con un juguete, ¿verdad? Tienes que romper la espiral descendente de negatividad y forzarte a enfocarte en cosas positivas que no tengan *nada que ver con él.* Si lo haces diez veces al día durante unos cuantos días, romperás el hábito de obsesionarte con él. Así es como eliminas el dolor y sales adelante por tus propios medios.

En *El Paraíso perdido*, John Milton escribió: "La mente es su propio hogar, y por sí sola puede convertir el infierno en cielo, el cielo en infierno". En el capítulo 2 hablamos sobre no ver a un hombre todo el tiempo o durante muchas noches consecutivas, y las lectoras siguen este consejo. Pero meten la pata cuando, al no estar en su compañía, piensan constantemente en su chico y crean una dependencia poco sana. Si vas a pensar en él veinticuatro horas al día, sería mejor que te fueras a vivir a su casa desde la primera semana.

Mientras estás lejos, siempre reevalúa tu "premio" Si sigue sin darte lo que quieres, la pregunta que debes hacerte es´si de verdad lo quieres. Tal vez no es más que un niño malcriado en el cuerpo de un adulto y nunca vivió los ritos que convierten a un "niño" en un "hombre"… y su mamá le sigue lavando la ropa, lo que le provoca un falso sentido de vanidad. Si te encuentras con un tipo como ese, no asumas que ya no eres digna de despertar deseo. Debes levantarte, sacudirte el polvo y decir: "Él no es la persona que creí que era. Necesito olvidarlo e invertir mi energía en alguien más". Como dijo Maya Angelou: "Cuando las personas muestran quiénes son, créeles… a la primera".

Un hombre bueno no está pensando "¿Qué puedo obtener?", sino "¿Qué puedo dar?" Un hombre de calidad quiere mantener contenta a su esposa o novia en lo emocional. Es un asunto de ego: "¡Soy lo *suficientemente hombre* para complacer a mi mujer!" Eso lo hace sentirse un semental. Y ahora definamos **feliz**: felicidad es no obtener las sobras.

No te lo tomes de forma personal; hay muy poco que tenga que ver contigo. A muchas personas les falta el equipo básico para estar en una relación y no hay nada que hacer para cambiarlo. Puedes tomar un zorrillo y bañarlo en perfume esperando que se convierta en un perrito; en algún momento el perfume se irá y seguirás teniendo un zorrillo en las manos.

Siempre fíjate con quién estás tratando; lo que ves es lo que hay. Su carácter no va a cambiar. Puede cambiar su carrera, su ropa, sus prioridades, su lugar de residencia, pero su carácter será el mismo.

Los hombres que creen que está bien darte sobras carecen de lo necesario para mantener una buena relación.

¿Cuál es el equipo emocional básico?

- **Carácter y decencia**
- **Ofrecer apoyo**
- **Consideración por los demás**
- **Apreciar la amabilidad**
- **Un sentido de la proporción respecto a lo que la persona da y lo que recibe**
- **Lealtad con aquellos que son leales**

Recuerdo que una profesora me dijo una vez: "Dale importancia a esas personas... que te den importancia a *ti*". No es tan difícil si todos hacemos un esfuerzo. Y si se vuelve difícil y te sientes como una esclava en esa relación, deja de castigarte. El sufrimiento no se puede devolver. Tú tienes el control total sobre cómo te hacen sentir. Tal vez te sientas como esposada, pero tienes la llave de esas esposas y puedes quitártelas muy fácilmente.

Si llevas varios meses saliendo con un hombre y le permites que te vea una vez a la semana –para tener sexo– y además de eso quieres obtener más de la relación, le estás dando señales de que puede aprovecharse de ti. El sexo no es algo que hagas para recompensar a alguien o para lograr una relación. El sexo es algo que tienes con un hombre al que le importas. Si ya pasaron varios meses y no hablan por lo menos un día sí y otro no, eso no es una relación. Con frecuencia es aquí donde el instinto de chica buena se dispara. Esta es la sucesión lógica:

"Él fue maravilloso al principio."

"Yo estropeé las cosas."
"Necesito... hacer más... trabajar más duro... saltar más alto..."
"... y tomar un bate y pegarme con él, acabándome mientras me digo a mí misma que no valgo la pena."

La vida es bastante dura y no necesitas a nadie a tu alrededor ensombreciendo el umbral de tu puerta para empeorar las cosas. No siempre es tu culpa. Tal vez no hagan una buena pareja. Tal vez él no tenga el equipo básico (y no lo tendrá con *ninguna* mujer).

Así que recuerda que tu actitud debe de ser de espera-y-observa y, mientras lo conoces, mantén un paracaídas en tu corazón. Con un buen hombre, si regulas o disminuyes lo que das al principio, verás la clase de persona con la que estás tratando. La verdad siempre sale a la luz. Cuando das un poco y esperas a ver lo que recibes a cambio, el hombre que vale la pena tener cerca también va a dar. Si se enfría, un poco de indiferencia actúa como detonador. Se preocupará por lo que estés sintiendo. Una mujer puede saber cuánto le importa a un hombre por la cantidad de cosas que él recuerda que le gustan a ella, y por las cosas que hace para que sea feliz.

Ese es el panorama completo: tu felicidad. Y tu salud. Nunca debe importarte lo que un hombre piensa de ti, *hasta que te demuestre que le importa hacerte feliz.* Si no está tratando de hacerte feliz, regrésalo por donde vino porque no obtendrás ningún beneficio por ganártelo. Al final del día, la felicidad, la alegría,... y sí... tu "estabilidad emocional"... conforman la única medida que en realidad necesitas.

11

UNA CABRONA *Nueva y Mejorada*

Guía de supervivencia para mujeres que son demasiado buenas

> "Siempre dales el fuego antiguo. Aun cuando te sientas un pastel de hielo aplastado."
>
> –ETHEL MERMAN

La cabrona se mantiene firme

La cabrona "nueva y mejorada" no es algo malo. Es una versión refinada de la famosa cabrona "antigua". Ella no es mala ni punzante, ni se queja para obtener lo que quiere. Habla con sus acciones, y sólo es una cabrona cuando tiene que serlo. Una de las señales más importantes de que una mujer "ha alcanzado el éxito" es que no está obsesionada con complacer a un hombre, o a alguien más que a sí misma. ¿Quién es esta cabrona "nueva y mejorada"? Ve la siguiente definición:

> **Cabrona** (sustantivo): Una mujer que no va a golpear su cabeza contra una pared, obsesionada por la opinión de alguien más, ya sea un hombre o cualquier otra persona en su vida. Ella entiende que si alguien no aprueba su actitud, es sólo la opinión de una persona; por lo tanto, no es realmente importante. Ella no intenta vivir bajo los estándares de nadie más, sólo bajo los suyos. Debido a esto, se relaciona muy diferente con un hombre.

La cabrona también se percibe a sí misma de forma diferente. Ella se sube al "cuadrilátero de boxeo", por decirlo de alguna manera, con la claridad mental de que es un "oponente equitativo" para cualquier hombre. Con la chica buena, un hombre automáticamente se ve a sí mismo como el "peso completo" y la ve a ella como "peso pluma" (también conocido como: la más débil). Una mujer llena de confianza que entra en el cuadrilátero y no se baja sin pelear se gana el respeto de un hombre, aun cuando pierda.

¿Por qué? Porque sabe que es una mujer con coraje. Si cae, cae tirando golpes. Y cuando se bajan del cuadrilátero, él no puede evitar sentir más respeto por ella.

La cabrona se comporta de cierta manera que el hombre entiende. Le habla en el mismo idioma que él usa cuando habla con sus amigos hombres, lo que, otra vez, le hace saber que están en el mismo nivel. Se puede comunicar sin estar en una "zona no muy bien definida", y es directa. ¿No crees que esto importe?

Fíjate en la siguiente comparación:

LA CHICA BUENA	LA CABRONA
Intentará convencer a un hombre dándole lo que quiere con regularidad. Si no lo consigue, se pondrá a llorar, se enojará o hará pucheros.	No va a endulzar las cosas ni a usar eufemismos. Ella es directa sobre sus preferencias y le hace saber a él los sí y los no, con respecto a su forma de tratarla.
Va a jugar la carta de la culpa o va a hablar sobre su "niña interior"; parece poseer una cualidad infantil.	Ella es una mujer adulta, así que no hay nada "aniñado" en ella. Su filosofía es: sin tonterías.
Si él la lastima de alguna manera, ella llora. Después lo va a hacer pedirle perdón y prometerle que no lo va a volver a hacer.	Se retira y deja que su silencio hable por ella. Se comunicará cuando esté lista, en sus propios términos; en ese punto, deja claro que no va a volver a suceder, porque si eso pasa ella ya no va a estar ahí.

continúa

LA CHICA BUENA	LA CABRONA
Se dice a sí misma: "Él no lo decía en serio". O inventa excusas cuando él se comporta mal.	Se da cuenta en el instante en que él le faltó al respeto y, sin dudarlo, le llama la atención sobre el asunto.
Se esfuerza por hacer cosas con las que está incómoda para complacer a un hombre. También pone buena cara y pretende que le gusta.	No hará nada con lo que no se sienta cómoda y no dudará en hacérselo saber. Se encuentra con él a un mismo nivel.
UNA = MUJER DÓCIL = PÉRDIDA DE RESPETO	**LA OTRA = MUJER DESEABLE = AUMENTO EN EL RESPETO**

Rara vez, si es que sucede, dos hombres adultos tienen una conversación prolongada que termine: "¡Heriste mis sentimientos!". Lo más cercano a eso que un hombre le dirá a otro hombre sobre sentimientos es: "¡Ya me jo...!"

Como un ejemplo hipotético: un hombre pidió prestado dinero a un amigo y luego no le pagó. No va a haber una conversación larga y sentimental. Si hay algún tipo de intercambio, es corto y dulce y termina con un: "¡Vete a la mierda!". Después dejan de salir juntos y ahí se acaba el problema.

Como la cabrona dice las cosas "tal cual son", el hombre va a respetar la forma en la que ella se comunica. A los ojos de un hombre, la ira es debilidad. Él va a pensar que ella tiene más autocontrol que una mujer sentimental. Con la mujer emotiva, él va a racionalizar que tiene un desbalance hormonal debido a su periodo menstrual. O va a pensar que es débil. Pero, con la cabrona, él va a pensar que ella sabe lo que quiere y lo que no quiere, lo que le gusta y lo que le disgusta. Ella tiene cierto "espíritu" (y no me refiero al tipo del que tienen las porristas).

Cuando digas la palabra C-A-B-R-O-N-A en voz alta, no la digas como si fuera algo malo. Según algunas personas esta palabra deriva de las letras de la palabra en inglés (BITCH) que da la siguiente frase: Babe In Total Control of Herself (Belleza en control absoluto de sí misma).

La única corona más honrosa, el único honor más alto, es que te llamen "Cabrona de Máxima Prioridad". Esta es una señal de éxito, que indica que eres el tipo de mujer con la que un hombre se acaba quedando. Aunque no fuera por nada más, lo hace por la razón práctica de que ya invirtió tanto en ella que no puede dejarla ir. Y todavía sigue intentando atraerla.

PRINCIPIO DE ATRACCIÓN # 95

Un hombre siente que ganó, o que conquistó a una mujer, cuando ella come de la palma de su mano. Y en ese momento, empieza a aburrirse.

La cabrona nunca se deja conquistar totalmente

Entonces, ¿por qué aman los hombres a las cabronas? Porque con una cabrona nunca sienten que la hayan conquistado por completo y lo siguen intentando. Algunos hombres lo intentan durante toda la vida.

Cuando un hombre está con una mujer dispuesta a ceder en todo, es casi como si lo invitara a que la maltrate.

Charlotte atendía a su novio, Tom, constantemente. Y el interés de Tom estaba empezando a desaparecer.

Charlotte pensó que podría recuperar a Tom haciendo una fiesta para él en la playa. Planeó una gran fiesta e invitó a todos sus amigos. También decidió gastar 30 mil pesos para contratar un servicio de escritura en el cielo. Eran dos aviones que formaron un corazón enorme seguido por las palabras "Siempre te amaré". A los aviones les tomó casi media hora, pero hicieron un trabajo exquisito.

Cuando terminaron, todos estaban asombrados. Era impresionante, y todos lo sentían así –*menos* Tom (que desafortunadamente había llamado una hora antes para avisar que no podría llegar). Pero, para entonces ya era tarde para que Charlotte pudiera cancelar y para que le regresaran la fortuna que se había gastado. Cuando lo intentó, le dijeron que los aviones ya habían despegado y que iban en ruta hacia la fiesta.

Este ejemplo no es poco común. Esto es lo que sucede cuando la mujer es demasiado buena y salta a través de los aros: *Es una invitación a la mala conducta*.

Mientras la chica buena pierde la cabeza, la cabrona hace que el hombre sea el que la pierda. Cuando una mujer mantiene las ideas claras, por lo general el hombre queda mucho más intrigado con respecto a ella. Él pensará en ella constantemente, nunca tendrá suficiente de ella y, en cierto momento, decidirá que no puede vivir sin ella.

Es una diferencia básica entre los hombres y las mujeres: las mujeres quieren seguridad y una vida predecible, y los hombres añoran el peligro y las cosas no predecibles. En la infancia, las niñas jugaban con los muñecos de Barbie y Ken; crecieron con la imagen mental de que ellas también vivirían "felices para siempre". Los niños no quieren tener nada que ver con el muñeco Ken; ellos identifican como emocionantes las figuras que llevan vidas peligrosas, como Batman, Supermán y El Hombre Araña.

Pregunta a cualquier madre qué niño le parece que dé más problemas, si un hijo o una hija. La mayoría de las madres confiesan que los hombres son más difíciles, especialmente si tienen más de uno. ¿Por qué? Porque para la mayoría de los hombres, seguridad es igual a aburrimiento.

Así que siempre están buscando formas de añadir emoción y peligro; y les encanta buscar algo difícil que hacer. Este mismo *elemento de peligro* es el que los atrae hacia la cabrona.

PRINCIPIO DE ATRACCIÓN # 96

La tensión que se forma con una mujer que sea un tanto cabrona le provoca al hombre un sutil sentimiento de peligro. Él se siente un poco inseguro porque nunca la tiene en la palma de su mano.

Piensa en las cosas que los hombres coleccionan, o en las que les fascinan. Armas, municiones, tarjetas deportivas, revistas de ciencia ficción, navajas de bolsillo, pequeños autos metálicos, herramientas y una linterna "recargable" (tu trabajo es parecer cautivada: "¡Guau!, ¿recargable?"). Y no olvidemos la invaluable colección de soldaditos (es para morirse) y las cosas de alta velocidad: coches, motos acuáticas, motocicletas y aviones.

La chica buena comete el error de nutrir al hombre y de hacerlo sentir demasiado "seguro". Los hombres se aburren con facilidad, por lo que ser muy predecible y la seguridad hacen que la relación le parezca *monótona*. Con la cabrona no hay monotonía.

La chica buena entierra la cabeza en la arena cuando no toma en cuenta la necesidad del hombre de sentir estimulación, peligro o "desafío". Esto va en perjuicio de ella. Es como un avestruz. Cuando un avestruz ve un depredador, en vez de enfrentarlo entierra la cabeza en la arena; y acaba convertido en "comida".

La cabrona opta por enfrentarlo, pero la chica buena opta por "enterrar la cabeza". La cabrona ve lo que hay. *La chica buena ve lo que quiere ver.*

Tan sólo en el primer mes, esto es lo que hará la chica buena... Le va a dar un masaje en los pies.

Después le va a cocinar unos huevos con seis ingredientes y unos hot cakes para acompañarlos. Le llevará la ropa a la lavandería y le va a planchar las camisas. Después le leerá poemas y querrá estar abrazada a él todo el día. Cuando él la deje, ella dirá: "¡No puedo creer que me haya hecho esto!".

Muchas mujeres creen que los hombres buscan una mujer que haga... cualquier cosa que ellos le digan que haga. En teoría, eso es lo que los hombres quieren. Pero en la práctica, cuando lo obtienen, se cansan de ello casi de inmediato.

En el segundo en que un hombre cree que no va a hacer "nada malo" ante tus ojos y en cuanto aceptes todo lo que se le ocurra, estarás levantando una "bandera blanca" hacia su deseo por ti. Éste hará un alto total.

Tampoco creas que él está buscando una "damisela en apuros". Como dijo un hombre: "Cuando rescatas a una damisela en apuros, te quedas pegado a una damisela afligida".

La noción de que la mujer tiene que decir todo lo que piensa para poder estar realmente enamorada, no es una señal de amor, es convertirse en "alimento". Él ve una mujer dócil y se dice a sí mismo: "No, un lastre. ¿Tendré que cargar con este paquete de gelatina toda mi vida?". En cuanto se da cuenta de ello, o llama menos o deja de llamar –después de haberse acostado con ella.

PRINCIPIO DE ATRACCIÓN # 97

Una "mujer sí" que da *demasiado,* da la impresión de que cree más en el hombre de lo que cree en ella misma. Los hombres ven esto como *debilidad* y no como *bondad.*

Cuando la chica buena necesita mucho de un hombre y lo coloca en un pedestal, ella lo está tratando con una percepción que ni siquiera él mismo tiene. Y lo hace sentir incómodo porque él sabe (mejor que nadie) que no es un "caballero de blanca armadura". Pero sabe que esa es la fantasía de ella, así que "lo intenta". Hace un esfuerzo forzado por intentar ser romántico, y no pasa mucho tiempo antes de que se empiece a cuestionar si estará siendo falso. Él piensa: "Hmmm..., me pregunto cómo será ella en realidad. No es posible que sea tan buena". Como una tarjeta de crédito que cobra intereses bajos, que sólo son reales el primer mes, él comenzará a sentir que está recibiendo el "paquete promocional". Y no algo real.

Las cosas con la cabrona son reales y directas. No hay preocupación porque uno de los lados "pique" al otro; él la pone a prueba una o dos veces, y ella lo pone en su lugar cada vez. Después suceden dos cosas: primero, él se dice: "Esta no es tonta. No me va a creer todas mis tonterías".

Segundo, siente que ella lo ve como realmente es. Ella ya vio "lo peor", y le sigue gustando. De la misma manera, él ya vio "lo peor" de ella, así que no siente que haya ninguna sorpresa "acechando" dentro de ella. Cuando está con la cabrona, puede sentirse molesto de vez en cuando, pero cree que lo que comparten es real.

La cabrona se define desde adentro

Eddie Murphy dijo una vez en una entrevista: "El mejor consejo que oí es que no tomes consejos de nadie". El poder radica en que tú estés en el asiento del conductor, justo en los "controles" de tu vida.

Esto no significa que tengas que dejar de buscar información o alimentación externa, significa que tú eres la que conduce. Tú escoges tu propio destino.

PRINCIPIO DE ATRACCIÓN # 98

Siempre sé una pensadora independiente, e ignora a cualquier persona que intente definirte de alguna forma limitante.

Esta actitud tiene un impacto directo en si un hombre te verá independiente. En el momento en que dejes de ser una pensadora independiente y él tenga que pensar por ti, sales catapultada del asiento del "conductor" y caes directamente en el lugar del "tapete". *En el momento en que otra persona puede decirte cómo pensar o cómo sentirte sobre ti misma, estás a su merced.*

Esta actitud también tiene influencia sobre el éxito en otras áreas. Si dejas que alguien más tome decisiones sobre tu carrera, tus sueños o tus aspiraciones, te estarás limitando de forma drástica. *Sólo podrás ser tan buena como esa persona te deje serlo.*

Ya sea en tu gusto por la ropa, tus necesidades dentro de una relación o lo que hagas para vivir, no dejes que nadie más esté en los controles. Defínete.

En el momento en que te conviertas en una pensadora independiente, van a suceder dos cosas. La primera, las personas y las cosas positivas se van a sentir atraídas hacia ti como un imán. La segunda, va a servir para disuadir a personas negativas que intenten distraerte en la búsqueda de tus metas. Siempre va a haber personas que planten semillas de negatividad en tu jardín, *si estás disponible para ello.*

PRINCIPIO DE ATRACCIÓN # 99

Las personas realmente poderosas no dan explicaciones sobre por qué quieren respeto. Simplemente no se mezclan con personas que no se los dan.

Mantenerte firme no siempre involucra una confrontación verbal. Muchas veces se trata de no gastar energía positiva en personas negativas.

Esto puede parecer muy sencillo y muy obvio para una persona que tenga autoestima, pero suele ser lo que la chica buena no hace. Ella firma por un hombre que no tiene buen crédito. Va a dormir con él antes de conocer su nombre entero. Y además de todo, lo va a dejar decidir su valor como mujer, en vez de decidir por ella misma.

La amabilidad siempre es la primera opción. Pero hay momentos en que no puedes ser amable con alguien que no está buscando tus mejores intereses. Cuando veas esta conducta, lo adecuado es ser amable *contigo misma* en respuesta a ello ya sea corrigiendo la situación o no dejando que esa persona tenga acceso a ti.

La cabrona puede ser una mujer suave, y muy femenina, pero tiene una dignidad silenciosa. Esta mujer hace saber a otros, de una forma elegante, que no puede ser manipulada fácilmente. Ella no va a saltar a través de los aros. Y no se va a definir de acuerdo con lo que otros piensen.

Un ejemplo perfecto es mi dulce amiga japonesa, Masae.

Ella lleva menos de un año viviendo en Estados Unidos, y habla un inglés malo con acento japonés. Sin embargo, es un ejemplo maravilloso de la elegancia y fortaleza silenciosa que estoy describiendo.

Masae salió con un estadounidense llamado Steven durante algún tiempo. Era cumpleaños de él, así que decidió cocinarle un banquete japonés. Hizo sopa *miso*, varias clases de sushi y dos platos principales típicos. También era una anfitriona ejemplar. La única retroalimentación que recibió de Steven fue que la salsa de soya estaba demasiado salada. "La próxima vez compra la de tapa verde porque tiene menos sodio".

Masae estaba atónita, pero mantuvo la compostura, y le contestó con su lenguaje limitado: "Yo cocino para ti. ¿Si tú quejas? Yo no cocino para ti". Desde ese momento sólo ha recibido halagos.

Como dijo Eleanor Roosevelt: "Nadie puede hacerte sentir inferior sin tu consentimiento". Una persona positiva dice cosas positivas, especialmente si tú no te sientes muy bien. Cuando te vas de su lado, sientes las pilas recargadas. Cuando conoces a alguien que es realmente fantástico, te hace creer que tú también puedes serlo. Este es el tipo de relación que debes buscar y es la única clase de relación que vale la pena tener.

Mientras más practiques para ser una pensadora independiente, más atractiva serás. Vas a "hechizar" a un hombre. Un "hechizo" mortal. Te vas a levantar sintiéndote más feliz que nunca. Tu aura y tu fuerza vital regresarán poco a poco.

Los medios de comunicación no insisten en esto; en vez de ello alimentan una mentalidad de "molde" con la que se supone que las mujeres deben caber en una caja. "Usa esto porque está de moda". (Cambio de canal.) "Tienes que verte así". (Cambio de canal.) "Haz las siguientes reafirmaciones: *Exígelo, luego arrepiéntete. Cómpralo, luego devuélvelo...*" (Cambio de canal.) "Este tinte orgánico para cabello va a hacer que volteen a verte".

Cuando una mujer está segura de sí misma, no tiene miedo a definirse y a desafiar la opinión pública. Tiene una apariencia propia. Su estilo propio. Su propio carisma. Su encanto único. El hombre busca algo que no se vea todos los días. Y no en términos de una pelirroja contra una rubia. Él busca a esa rara mujer *que piensa por ella misma*.

En lo referente a un compromiso o a una relación, muchos hombres se sienten domadores de leones con la mayoría de las mujeres. Es como si tuvieran que usar la silla para hacer que los leones retrocedan: "Atrás... atrás...". Así que cuando conocen a una mujer que tiene la seguridad de mantenerse firme, o de atraerlos, esto tiene un efecto diferente. No están acostumbrados a ello, así que les intriga.

La cabrona no tiene miedo a ser diferente, por lo que no se convierte en un "repuesto" o en una perla de un largo collar. No va a ser la última opción de ningún hombre. No hace la "danza del vientre". No le da miedo cumplir treinta o cuarenta años. A cualquier edad, esta mujer se siente un "premio". No se va a definir por medio de la percepción de los medios de comunicación sobre la edad; no la van a hacer sentir como ganado defectuoso porque ya no es una adolescente. Siendo casada, soltera o divorciada, esta mujer se siente bien consigo misma.

Una mujer con un exterior demasiado duro, no es la "nueva y mejorada" cabrona de la que estoy hablando. El mal carácter no es el objetivo. En Italia, hay una expresión muy común: "*È tutto fumo e niente arrosto*". Que literalmente quiere decir: Hay mucho humo, pero nada se está tostando. Cuando una mujer tiene muy mal carácter, o pretende saber de todo, rara vez tiene algo que la respalde.

La cabrona "nueva y mejorada" es fuerte en verdad, porque es amable. Pero exige la misma amabilidad a cambio.

La cabrona tiene una voluntad fuerte y fe en sí misma

Cuando empecé a hablarles a los hombres sobre este libro, no estaba segura de qué esperar. Pensé que algunos podrían reaccionar al título *Por qué los hombres aman a las cabronas*, y decir: "¡Los hombres no amamos a las cabronas!". Y lo que pasó fue todo lo contrario. Ellos me confirmaron de manera absoluta, una y otra vez, que una mujer fuerte los excita. Algunas veces me describían por qué aman a las cabronas. Y otras veces preguntaban: "¿De verdad amamos a las cabronas?". Pero más del 90 por ciento de las veces, no negaban el hecho de que una mujer fuerte los excita.

Los hombres no resienten que te pongas tú por delante. Al contrario, el hombre respeta eso. Siente que lleva menos peso sobre los hombros cuando tú eres independiente; y siente que no tiene que hacerte feliz todo el tiempo. Te verá como una mujer segura, y no como una debilucha que no sabe lo que quiere.

Ponerte tú por delante significa volver a aprender a contar. En las matemáticas, el número uno viene antes del número dos. (1… 2… otra vez... 1… 2). Tú eres el número 1 y, (¿estás sentada?) ¡él es el número dos! Hasta ahora cometiste el error de empezar a contar por el "número dos". Ni siquiera contabas el uno. Te lo saltabas porque no te parecía importante.

La vida es una extensión de la primaria. Un niño de tercero se acerca a otro para molestarlo: lo abofetea, le roba su dinero para el almuerzo y se echa a correr. En cambio, el niño del que no van a abusar es el que abofetea al que lo molesta y toma su dinero y su almuerzo de nuevo (e incluso le da una bofetada extra al abusador porque le da rabia pensar que pudo haberse salido con la suya).

La *nueva y mejorada cabrona* entiende este principio en la vida adulta diaria. Las personas quieren hacer lo mismo todos los días. Intentarán abofetearte y correr; ya sea un compañero de trabajo, un familiar, un amigo o, sí… hasta un enamorado. La única diferencia es que ninguna de estas personas va a intentar quitarte el dinero del almuerzo. En vez de eso, ya sea de forma consciente o no, te robarán la confianza en ti misma.

Cuando se trata de creer en ti misma, pon el ojo en el blanco y no pestañees. Si tienes una meta, un sueño o una aspiración... cree en ti misma mientras vas *en camino* a tu destino, y ya habrás llegado.

Durante toda la vida, las personas intentarán tambalear tu fe en ti misma. Cuando esto suceda, recuerda que la única forma de que tengan éxito es que tú lo permitas. Cuando caminas por la calle de la vida, siempre mantén la frente alta y sigue caminando. *Nunca* dejes que nadie sacuda tu fe en ti misma porque eso es *todo* lo que tienes.

PRINCIPIO DE ATRACCIÓN # 100

La cualidad más atractiva de todas es la dignidad.

Apéndice

PRINCIPIOS DE *Atracción* DE SHERRY

PRINCIPIO DE ATRACCIÓN # 1

Cualquier cosa que tengas que perseguir en la vida va a huir.

PRINCIPIO DE ATRACCIÓN # 2

Las mujeres que tienen a los hombres arañando las paredes por ellas no siempre son excepcionales. Por lo general, son las que parecen no darle mucha importancia al asunto.

PRINCIPIO DE ATRACCIÓN # 3

Una mujer será apreciada como alguien que ofrece un desafío mental, en la medida en que un hombre no sienta que tiene el control total sobre ella.

PRINCIPIO DE ATRACCIÓN # 4

Muchas veces un hombre deliberadamente no llama, sólo para ver cómo respondes.

PRINCIPIO DE ATRACCIÓN # 5

Si comienzas siendo dependiente, lo decepcionas. Pero si eres algo que él no puede tener, obtenerte se vuelve un desafío.

PRINCIPIO DE ATRACCIÓN # 6

Tu actitud sobre ti misma es la que un hombre va a adoptar.

PRINCIPIO DE ATRACCIÓN # 7

Actúa como un premio y él creerá que lo eres.

PRINCIPIO DE ATRACCIÓN # 8

La variable más grande entre una cabrona y una mujer que es demasiado buena es el *miedo*. La cabrona le demuestra que no le da miedo estar sin él.

PRINCIPIO DE ATRACCIÓN # 9

Si tiene que escoger entre su dignidad o tener una relación, la cabrona dará prioridad a su dignidad.

PRINCIPIO DE ATRACCIÓN # 10

Cuando una mujer no cede fácilmente y no parece dócil o sumisa, obtenerla se vuelve más estimulante.

PRINCIPIO DE ATRACCIÓN # 11

Estar a punto de obtener algo genera un deseo que debe satisfacerse.

PRINCIPIO DE ATRACCIÓN # 12

Un hombre sabe cuál mujer va a ceder a sus deseos de último minuto.

PRINCIPIO DE ATRACCIÓN # 13

Tener términos y condiciones indica que tienes opciones. Casi desde el principio te presentas como un tapete o como una chica de ensueño.

PRINCIPIO DE ATRACCIÓN # 14

Si lo asfixias, él va a ponerse a la defensiva y va a buscar una ruta de escape para proteger su libertad.

PRINCIPIO DE ATRACCIÓN # 15

Siempre que una mujer le pide demasiadas cosas a un hombre, él lo va a resentir. Deja que él dé libremente lo que quiera dar; y después observa quién es.

PRINCIPIO DE ATRACCIÓN # 16

La cabrona le da al hombre el espacio suficiente para que no se sienta atrapado en una jaula. Entonces... él se propone atraparla en la suya.

PRINCIPIO DE ATRACCIÓN # 17

Si le dices que no estás interesada en comenzar una relación, él intentará hacerte cambiar de idea.

PRINCIPIO DE ATRACCIÓN # 18

Siempre hazle creer que tiene espacio suficiente. Eso hace que baje la guardia.

PRINCIPIO DE ATRACCIÓN # 19

Más que nada, él se está fijando en si serás demasiado dependiente emocionalmente.

PRINCIPIO DE ATRACCIÓN # 20

Él debe sentir que quieres estar con él, no que necesitas estar con él. Sólo así te va a sentir como una compañera a su nivel.

PRINCIPIO DE ATRACCIÓN # 21

Si un hombre tiene que esperar para acostarse con una mujer, no sólo la verá más hermosa, también tendrá tiempo de apreciar quién es ella.

PRINCIPIO DE ATRACCIÓN # 22

El sexo y la "chispa" no son lo mismo.

PRINCIPIO DE ATRACCIÓN # 23

Antes del sexo, el hombre no está pensando con claridad y la mujer sí. Después del sexo es al revés; el hombre está pensando con claridad y la mujer no.

PRINCIPIO DE ATRACCIÓN # 24

Todo hombre quiere sexo desde el principio; si quiere una novia es algo que piensa después. Al no darle lo que él quiere de inmediato, te conviertes en su novia sin que se dé cuenta.

PRINCIPIO DE ATRACCIÓN # 25

Un hombre siente de forma intuitiva si la sexualidad sale de la seguridad o de una necesidad. Sabe cuando una mujer tiene sexo para apaciguarlo.

PRINCIPIO DE ATRACCIÓN # 26

Es más fácil formar hábitos malos que buenos, porque los buenos hábitos requieren un esfuerzo consciente. La espera fomenta este esfuerzo.

PRINCIPIO DE ATRACCIÓN # 27

Si desconectas la clavija sexual en el último minuto, él te va a etiquetar como provocadora.

PRINCIPIO DE ATRACCIÓN # 28

Si él te hace sentir insegura, deja que tu inseguridad te guíe.

PRINCIPIO DE ATRACCIÓN # 29

Un hombre de calidad fantasea con una mujer que realmente disfrute el sexo.

PRINCIPIO DE ATRACCIÓN # 30

Cada vez que una mujer compite con otra, se rebaja.

PRINCIPIO DE ATRACCIÓN # 31

Cuando es innegable que hay "chispa" sólo hay una llave para el candado.

PRINCIPIO DE ATRACCIÓN # 32

Déjalo creer que tiene el control. Automáticamente empezará a hacer cosas que tú quieres que haga porque siempre querrá verse como un "rey" ante tus ojos.

PRINCIPIO DE ATRACCIÓN # 33

Cuando alimentas su ego con suavidad, él no intentará obtener el poder con agresividad.

PRINCIPIO DE ATRACCIÓN # 34

Si pareces suave y femenina, atraes su instinto de *protección*. Si pareces agresiva, atraes su instinto de *competencia*.

PRINCIPIO DE ATRACCIÓN # 35

Él permite que una mujer que se convierte en su "tapete" pague la cena en las primeras citas, pero ni siquiera se le ocurriría con su chica de ensueño.

PRINCIPIO DE ATRACCIÓN # 36

La posición simbólica de poder es de cara al público, pero la posición de poder real sólo se muestra en privado. Y ésta es la única que importa.

PRINCIPIO DE ATRACCIÓN # 37
Si lo haces sentirse poderoso, querrá protegerte y darte el mundo.

PRINCIPIO DE ATRACCIÓN # 38
Cuando una mujer actúa como si fuera capaz de resolver todo, se queda atrapada haciendo todo.

PRINCIPIO DE ATRACCIÓN # 39
Los hombres no responden a las palabras. Responden a la falta de contacto.

PRINCIPIO DE ATRACCIÓN # 40
Hablar demasiado sobre la "relación" le quita el elemento de lo "desconocido" y, por lo tanto, el misterio.

PRINCIPIO DE ATRACCIÓN # 41
Los hombres respetan a una mujer que se comunica de manera concisa, porque éste es el idioma que los hombres usan para hablar entre ellos.

PRINCIPIO DE ATRACCIÓN # 42
Si siempre estás FELIZ,
y él sabe que siempre puedes estar SIN él,
él siente que no tiene PREOCUPACIONES.

PRINCIPIO DE ATRACCIÓN # 43

Si permites que se interrumpa tu ritmo, creas un vacío. Después, para reemplazar lo que estás dejando, empezarás a esperar y a necesitar más de tu pareja.

PRINCIPIO DE ATRACCIÓN # 44

La mayoría de las mujeres están hambrientas por recibir de un hombre algo que necesitan darse a sí mismas.

PRINCIPIO DE ATRACCIÓN # 45

Una mujer se ve más segura ante los ojos de un hombre cuando él no puede alejarla de su vida propia, porque ella está satisfecha con esa vida.

PRINCIPIO DE ATRACCIÓN # 46

En el momento en que una mujer se esfuerza demasiado para lograr satisfacer los criterios de él, ya bajó el nivel de esa relación.

PRINCIPIO DE ATRACCIÓN # 47

Saltas por los aros cada vez que haces muy obvio que te estás dando "entera".

PRINCIPIO DE ATRACCIÓN # 48

Debes evitar caer en arena movediza. A menos que te mantengas en control, la relación estará condenada.

PRINCIPIO DE ATRACCIÓN # 49

Saltar a través de los aros suele tener un resultado negativo: él lo ve como una oportunidad para tener el pastel y, además, comérselo. Pero cuando permaneces justo fuera de su alcance, él te va a seguir mostrando sus mejores modales.

PRINCIPIO DE ATRACCIÓN # 50

La chica buena da demasiado de sí misma cuando complacerlo a él con frecuencia se convierte en algo más importante que complacerse a sí misma.

PRINCIPIO DE ATRACCIÓN # 51

La relación puede no ser la indicada para ti si te das cuenta de que estás saltando a través de los aros. Cuando algo está bien, va a ser más fácil con menos esfuerzo.

PRINCIPIO DE ATRACCIÓN # 52

Cuando te quejas, él deja de escucharte. Pero cuando hablas con tus acciones, te pone atención.

PRINCIPIO DE ATRACCIÓN # 53

Cuando un hombre no presta atención a una mujer, sigue intentando asegurarse de que ella "continúa allí".

PRINCIPIO DE ATRACCIÓN # 54

Cuando la rutina se vuelve predecible, es más probable que él te dé el mismo tipo de amor que le da a su madre; y las probabilidades de que no te tome en cuenta aumentan.

PRINCIPIO DE ATRACCIÓN # 55

La atención negativa sigue siendo atención. Le permite saber a un hombre que te tiene justo donde él quiere.

PRINCIPIO DE ATRACCIÓN # 56

Cuando lo tratas de forma casual como si fuera un amigo, él se va a acercar a ti. Porque quiere que todo sea romántico, pero también quiere ser él quien persiga.

PRINCIPIO DE ATRACCIÓN # 57

Un pequeño distanciamiento combinado con un aspecto de autocontrol lo pondrá nervioso, pues pensará que puede estarte perdiendo.

PRINCIPIO DE ATRACCIÓN # 58

Un hombre deja de apreciar a una mujer cuando tiene interés pero ya no va a cambiar su rutina.

PRINCIPIO DE ATRACCIÓN # 59

Cuando te quejas, *tú* te conviertes en el problema, y él lo resuelve dejando de escucharte. Pero si no te quejas, él se encarga del *problema*.

PRINCIPIO DE ATRACCIÓN # 60

Si le quitas sus tareas domésticas y elogias a alguien que las esté haciendo, las va a querer recuperar.

PRINCIPIO DE ATRACCIÓN # 61

Si te quejas, él ve debilidad.

PRINCIPIO DE ATRACCIÓN # 62

Él percibe a una mujer emotiva como alguien insignificante.

PRINCIPIO DE ATRACCIÓN # 63

De la misma forma que la familiaridad provoca desdén, un comportamiento un poco distante muchas veces puede renovar su respeto.

PRINCIPIO DE ATRACCIÓN # 64

Él va a olvidar lo que tiene contigo... a menos que se lo recuerdes.

PRINCIPIO DE ATRACCIÓN # 65

Muchas mujeres hablan mucho porque están nerviosas; y eso es algo que los hombres suelen percibir como inseguridad.

PRINCIPIO DE ATRACCIÓN # 66

Para un hombre, hablar sobre sentimientos es como *trabajar*. Cuando está con una mujer, quiere sentir *diversión*.

PRINCIPIO DE ATRACCIÓN # 67

Forzarlo a hablar sobre sentimientos todo el tiempo no sólo te hará parecer necesitada, con el tiempo hará que él te pierda el respeto. Y si te pierde el respeto, le va a poner menos atención a tus sentimientos.

PRINCIPIO DE ATRACCIÓN # 68

Al principio, lo único a lo que necesitas prestarle atención es si él sigue rondándote, pues sólo será capaz de esconder sus emociones durante un tiempo.

PRINCIPIO DE ATRACCIÓN # 69

Los hombres tratan a las mujeres igual que tratan a otros hombres. Toman las cosas "con calma" porque no quieren parecer débiles o desesperados.

PRINCIPIO DE ATRACCIÓN # 70

El elemento sorpresa, tanto dentro como fuera de la relación, es importante para los hombres y ayuda a la excitación.

PRINCIPIO DE ATRACCIÓN # 71

Dentro de la recámara, no hagas lo mismo una y otra vez. Varía para que no se convierta en una rutina predecible.

PRINCIPIO DE ATRACCIÓN # 72

La mayoría de los hombres tiende a faltarle al respeto a la mujer que parece demasiado maleable.

PRINCIPIO DE ATRACCIÓN # 73

No temas decir lo que piensas o defenderte. No sólo ganarás su respeto. En algunos casos hasta se sentirá excitado.

PRINCIPIO DE ATRACCIÓN # 74

Los hombres asumen casi automáticamente que una mujer más cabrona va a ser más asertiva en la cama, y que la chica buena va a ser más tímida.

PRINCIPIO DE ATRACCIÓN # 75

Cuando un hombre se enamora, de repente hará cosas que antes no hacía, sin darles importancia. Hará cosas por esa mujer que no habría hecho por nadie más.

PRINCIPIO DE ATRACCIÓN # 76

Nunca te respetará como un ser independiente a menos que tengas estabilidad financiera.

PRINCIPIO DE ATRACCIÓN # 77

Tienes que demostrarle que no aceptarás maltratos. Entonces mantendrás su respeto.

PRINCIPIO DE ATRACCIÓN # 78

Mantienes tu comprobante rosa cuando puedes mantener tu independencia con o sin él. Él nunca debe sentir que te tiene totalmente a su merced.

PRINCIPIO DE ATRACCIÓN # 79

Cuando un hombre ve a una mujer como una "niña pequeña" o como a una hermana que tiene que cuidar, su pasión disminuye. Él no quiere hacer el amor con su *hermana*.

PRINCIPIO DE ATRACCIÓN # 80

La capacidad para decidir cómo quieres vivir, y la capacidad de escoger cómo quieres que te traten son las dos cosas que te darán más poder que cualquier otro objeto material.

PRINCIPIO DE ATRACCIÓN # 81

En cualquier tipo de relación, si una persona siente que la otra no está poniendo nada en la mesa, él o ella empezará a faltarle al respeto a la otra persona.

PRINCIPIO DE ATRACCIÓN # 82

Necesitar a alguien en lo económico no se diferencia de necesitarlo en lo emocional; en ambos casos, él puede sentir que tiene el control completo sobre ti.

PRINCIPIO DE ATRACCIÓN # 83

Sin importar lo bella que sea una mujer, su aspecto por sí solo no va a mantener el respeto. Su apariencia puede acercarlo a ella, pero es su independencia la que lo va a excitar.

PRINCIPIO DE ATRACCIÓN # 84

Cuando un hombre está muy preocupado porque no quiere que se aprovechen de él, es una señal de que está viendo "qué puede sacar".

PRINCIPIO DE ATRACCIÓN # 85

Las personas te demostrarán que se respetan a sí mismas sencillamente por el hecho de que quieren ser responsables de ellas mismas.

PRINCIPIO DE ATRACCIÓN # 86

Mientras más independiente seas de él, más interés va a mostrar por ti.

PRINCIPIO DE ATRACCIÓN # 87

Si haces muy obvio que estás emocionada por conseguir algo, algunas personas se verán tentadas a balancear una zanahoria frente a tu cara.

PRINCIPIO DE ATRACCIÓN # 88

Cuando alteras la rutina, el que no estés presente en ciertos momentos es lo que hace que se acerque a ti. Los hombres no responden a las palabras. A lo que responden es a la falta de contacto.

PRINCIPIO DE ATRACCIÓN # 89

No le recompenses una mala conducta.

PRINCIPIO DE ATRACCIÓN # 90

Sencillamente él no va a respetar a una mujer que actúe a marchas forzadas para complacerlo.

PRINCIPIO DE ATRACCIÓN # 91

Si él no te da una hora, tú no le des fecha.

PRINCIPIO DE ATRACCIÓN # 92

Por lo general, la mejor forma de ajustar o solucionar el problema es no dejar que *él* sepa que lo estás solucionando. Cuando alteras tu disponibilidad o cambias una rutina predecible, mentalmente se va a sentir atraído hacia ti.

PRINCIPIO DE ATRACCIÓN # 93

Una vez que empiezas a reír, te empiezas a curar.

PRINCIPIO DE ATRACCIÓN # 94

Puedes salirte con la tuya diciendo muchas más cosas con humor de lo que lograrías con una cara larga.

PRINCIPIO DE ATRACCIÓN # 95

Un hombre siente que ganó, o que conquistó a una mujer, cuando ella come de la palma de su mano. Y en ese momento, empieza a aburrirse.

PRINCIPIO DE ATRACCIÓN # 96

La tensión que se forma con una mujer que sea un tanto cabrona le provoca al hombre un sutil sentimiento de peligro. Él se siente un poco inseguro porque nunca la tiene en la palma de su mano.

PRINCIPIO DE ATRACCIÓN # 97

Una "mujer sí" que da *demasiado*, da la impresión de que cree más en el hombre de lo que cree en ella misma. Los hombres ven esto como *debilidad* y no como *bondad*.

PRINCIPIO DE ATRACCIÓN # 98

Siempre sé una pensadora independiente, e ignora a cualquier persona que intente definirte de alguna forma limitante.

PRINCIPIO DE ATRACCIÓN # 99

Las personas realmente poderosas no dan explicaciones sobre por qué quieren respeto. Simplemente no se mezclan con personas que no se los dan.

PRINCIPIO DE ATRACCIÓN # 100

La cualidad más atractiva de todas es la dignidad.

Índice